书山有路勤为径，优质资源伴你行

注册世纪波学院会员，享精品图书增值服务

AI
+BEST

高能经验萃取

将优秀经验转化为绩效成果

邱伟·著

电子工业出版社
Publishing House of Electronics Industry
北京·BEIJING

图书在版编目（CIP）数据

AI+BEST 高能经验萃取：将优秀经验转化为绩效成果 / 邱伟著 . -- 北京：电子工业出版社，2025. 9. -- ISBN 978-7-121-51144-8

Ⅰ . F272.921-39

中国国家版本馆 CIP 数据核字第 202527QU51 号

责任编辑：杨洪军
印　　刷：大厂回族自治县聚鑫印刷有限责任公司
装　　订：大厂回族自治县聚鑫印刷有限责任公司
出版发行：电子工业出版社
　　　　　北京市海淀区万寿路173信箱　　邮编100036
开　　本：720×1000　1/16　　印张：12.25　字数：235.2千字
版　　次：2025年9月第1版
印　　次：2025年9月第1次印刷
定　　价：59.00元

凡所购买电子工业出版社图书有缺损问题，请向购买书店调换。若书店售缺，请与本社发行部联系，联系及邮购电话：（010）88254888，88258888。

质量投诉请发邮件至zlts@phei.com.cn，盗版侵权举报请发邮件至dbqq@phei.com.cn。

本书咨询联系方式：（010）88254199，sjb@phei.com.cn。

前言

自《BEST高能经验萃取：将优秀经验转化为绩效成果》于2020年面世以来，其独特的"鱼"模型、系统化的萃取流程以及实战导向的方法论，便赢得了广大读者的喜爱。在过去的几年里，我有幸与近百家企业合作，深入一线实施经验萃取项目。在此过程中，我深切地感受到了传统经验萃取方法的局限性。一方面，萃取过程过于依赖人工，导致效率低下；另一方面，萃取过程中，工具的配合对于萃取者来说至关重要。

基于这些实践经验和行业发展的需求，我们对本书进行了全面的升级与创新，使其更加贴合现代企业快速发展的需求，同时也更加符合萃取者的实际操作需要。我坚信，本书的出版将为经验萃取领域注入新的活力，带来显著的变革与突破，进而为企业的持续成长与创新提供坚实的支撑。

本次升级主要围绕两个方面展开：一是增加实操工具，使每个萃取步骤都更具可操作性；二是增加AI应用，借力AI工具提高萃取产出的效率。

1. 增加实操工具，使每个萃取步骤都更具可操作性

对BEST高能经验萃取"鱼"模型的每一个关键步骤都进行了优化，特别嵌入了实操工具。这一改进旨在让经验萃取不再停留于理论层面，而是能够切实转化为实践应用，从而实现真正落地生根，帮助企业做到拿来就用。

在"Blueprint制定蓝图，岗位经验情境化"阶段，新增的"萃取主题清单"和"萃取主题评分表"为企业精准锁定萃取主题提供了有力支撑。萃取

主题清单用于初步梳理和记录潜在的萃取主题，为后续深入评估提供基础。企业可按照"如何（××场景/××方式/××方法）动词（聚焦任务的限定词）名词"的主题公式，在表中罗列出"如何利用高端楼盘获取高净值客户""如何通过公开招标方式最大化回收呆滞物料剩余价值"等多个初步主题，促使企业从不同角度思考可能的萃取方向，全面挖掘潜在的经验萃取主题。萃取主题评分表依据高价值、有难度、常使用、急需要、覆盖广五个维度，对潜在萃取主题进行量化评估，确保筛选出的主题与企业核心业务紧密关联且具有实际应用价值。

在"Extract逐级萃取，隐性经验显性化"这一步，"自我复盘式萃取表""业务专家访谈式萃取表""综合观察式萃取表"成为萃取者获取宝贵经验的得力助手。自我复盘式萃取表引导萃取者回顾自身经历，按照萃取流程梳理经验，从切框架、挖细节到识障碍、配工具，将个人经验系统化呈现。业务专家访谈式萃取表则为访谈业务专家提供了一套科学的问题框架，涵盖复盘事件、建构框架、挖掘细节等多个环节，帮助萃取者深入挖掘专家经验。综合观察式萃取表明确了各维度具体观察内容、要点以及记录方式，能为我们在萃取经验时提供清晰指引，确保不遗漏任何关键信息。

在"Structure建模封装，显性经验形象化"这一步，"逻辑关系图绘制参考表""记忆化包装工具表"帮助萃取者将显性经验形象化，使其更易于理解和传播。逻辑关系图绘制参考表助力萃取者清晰展示经验要点之间的逻辑关系，无论是线性流动、内在关联还是相互作用，都能通过直观的图形呈现。记忆化包装工具表提供了英文组合、数字连读、穿针引线、谐音连接和形象类比等多种包装技巧，将复杂的经验转化为简单易记的形式。

在"Transfer传承落地，推广经验普及化"这一步，"岗位经验操作宝典""情景案例构思表"确保经验能够在企业内部有效传承。岗位经验操作宝典详细阐述了岗位经验的核心原则、流程步骤、关键环节、应对技巧和配套工具，为员工提供了具体的操作指导。情景案例构思表规范了情景案例的编写，从案例标题、摘要到背景、问题冲突等各个环节都有明确要求，帮助企业创作高质量的案例，为学员提供生动的学习范例。

2.增加AI应用，借力AI工具提高萃取产出的效率

除了丰富的实操工具，本书的另一大亮点是全面融入AI应用。在每个步骤中，我们都精心设计了AI提示词，借助AI工具的强大功能，极大地提升了萃取成果的质量和效率。

在"Blueprint制定蓝图，岗位经验情境化"这一步，"罗列岗位核心任务""识别挑战任务""评估优质主题"等AI提示词发挥了关键作用。以银行对公客户经理岗位为例，通过"罗列岗位核心任务"提示词，AI可以快速生成包含客户拜访、金融服务方案设计等在内的核心任务清单；"识别挑战任务"提示词则能精准指出新员工在这些任务中面临的挑战，如客户需求挖掘、风险识别等；"评估优质主题"提示词帮助企业从众多任务中筛选出像"如何通过财报异常指标识别贷后风险信号"这样的高价值萃取主题，大大节省了企业的主题时间和精力，提高了主题的准确性和针对性。

在"Extract逐级萃取，隐性经验显性化"这一步，AI提示词为萃取者提供了丰富的参考经验。针对"如何通过财报异常指标识别贷后风险信号"这一主题，AI可以给出详细的方法层面经验，如"四阶递进法"（基础指标阈值筛查、勾稽关系矛盾验证、多维数据交叉穿透、动态分级响应处置）；在行为层面，AI能深入挖掘每个框架下的细节行为和动作，如在基础指标阈值筛查中，提供建立行业定制化阈值库、自动化异常标记等关键行为；还能识别新员工在各个步骤中可能面临的挑战和陷阱，并给出应对技巧，如针对风险遗漏问题，建议建立双人复核机制和设置强制关注清单。此外，AI还能根据经验内容设计出配套工具，如贷后风险筛查表单、风险识别学习卡、风险处置流程图和风险识别口诀等，全方位助力萃取工作。在这一步，AI还能够扮演萃取专家和业务专家的双重角色，设计出萃取访谈问卷，萃取者能够使用这份访谈问卷在线下对业务专家进行有效的访谈式经验萃取。

在"Structure建模封装，显性经验形象化"这一步，AI同样展现出了强大的能力。以"如何通过财报异常指标识别贷后风险信号"为例，AI能运用

英文组合、数字连读、穿针引线、谐音连接和形象类比等技巧进行记忆化包装，生成如SCAN模型［Screening（筛查）、Cross-verifying（交叉验证）、Analyzing（穿透分析）、Navigating（分级处置）］和"一筛二破三穿四动"这样的记忆工具，使复杂的经验更易于理解和记忆。同时，借助Napkin AI平台可以根据经验内容自动生成逻辑关系图，更清晰地展示各个环节之间的关联。

在"Transfer传承落地，推广经验普及化"这一步，AI提示词也能发挥重要作用。在情景案例撰写方面，"设计一个以'如何通过财报异常指标识别贷后风险信号'为主题的案例"的提示词，能帮助撰写者创作内容翔实、具有启发性的案例，通过真实场景和人物刻画，展示了经验的实际应用。在微课设计方面，"设计一个30分钟关于'如何通过财报异常指标识别贷后风险信号'的微课大纲"的提示词，AI可以生成包含案例导入、知识点拆解、练习和课后作业等内容的完整大纲。

我相信，这些新增的实操工具和AI应用指导，将为企业带来全新的体验和价值。无论是中小企业希望快速提升员工能力，还是大型企业致力于构建完善的知识管理体系，《AI+BEST高能经验萃取：将优秀经验转化为绩效成果》都将成为他们不可或缺的指南。它将帮助企业更高效地萃取经验、传承智慧，在激烈的市场竞争中脱颖而出，实现可持续发展。希望每一位读者都能从本书中获得启发，将这些方法和工具运用到实际工作中，创造更大的价值。

邱伟

2025年6月于北京

目录

第一章

萃取是对企业经验的
复盘与传承

. . . .

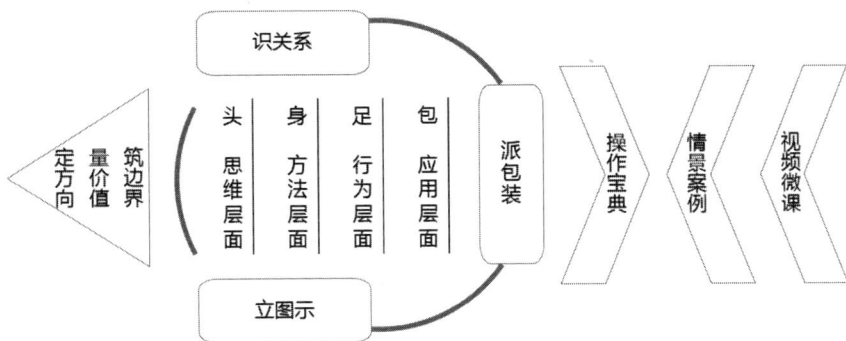

Blueprint	**E**xtract	**S**tructure	**T**ransfer
制定蓝图，岗位经验情境化	逐级萃取，隐性经验显性化	建模封装，显性经验形象化	传承落地，推广经验普及化

BEST高能经验萃取"鱼"模型

【本章经验导图】

　　"复盘"一词源自围棋界，其核心含义在于对弈结束后，棋手们重新在棋盘上复演对弈过程，审视哪些决策是明智的，哪些决策有待改进，以及是否存在其他更优的走法。这一过程涉及对双方策略的深入探讨与分析，即复盘。通过这种方式，棋手能够从宏观角度审视整个对弈，洞察棋局的演变，提炼出应对不同对手的有效策略，或发现更佳的走法，进而提升自己的棋艺。在企业经营与管理领域，经验萃取的概念与围棋复盘相似，指的是运用科学系统的方法，深度挖掘组织内部业务专家所蕴含的知识与经验，通过总结梳理，将其沉淀为可推广、能复制的流程与要素、工具及模板、话术和口诀等知识成果，进而普及至更多员工，以实现整体层面的问题解决与绩效提升。

➥ 经验萃取是延续企业优秀基因的重要方法

我曾听过这样一个故事。一家企业进口的机器出现故障，无法正常生产，于是企业请回老工程师进行修理。老工程师在机器的一个部位画了一个"圈"，并指出："问题就出在这里。"企业按照这个"圈"所在的位置将机器修复。事后，老工程师向企业寄去一张账单，索要10万元的维修费。企业领导质疑道："不就是画了一个圈吗，怎能值10万元？"老工程师回答："画一个圈仅值1元，但知晓在哪里画这个圈，是别人做不到的，这才是我的价值所在。"类似故事中的情况几乎每天都在发生，主要原因在于企业不重视对业务专家经验的萃取。

对于企业而言，经验萃取就如同人类文明中的文字。人类文明之所以能够不断进步，核心在于文字的记录功能。文字不仅传递了人类的智慧，还记载了历史的变迁，推动了社会的发展。通过文字的记录，后人能够学习前人的经验教训，从而在较短的时间内吸收前人积累的知识和技术。同样地，经验萃取能够避免员工在工作中进行不必要的尝试，确保企业的宝贵经验得以传承。

经验萃取使企业师徒制的优秀基因得以延续。员工的成长过程，从本质上来说，是员工系统地学习企业经验的过程，而师徒制正是一种有效的经验萃取的组织形式。在工作过程中，徒弟会观察和模仿师傅的行为方式，理解并体会师傅的思维过程，然后亲自操作、反复试验、不断思考，由浅入深地逐步建立对工作方法和技能的认知，直至掌握并熟练运用全套操作工艺和思维方式；师傅会给徒弟提供观察、模仿的机会，通过演示、说明、讲解，让徒弟理解其中的工作原理、掌握解决问题的诀窍，并在徒弟独立操作的过程中给予指导。实际上，师徒制是经验萃取的一种传统形式，徒弟通过观察、模仿师傅的行为，在"做与学"中吸收师傅的隐性经验。这种师徒制的学习过程，就是对经验的萃取过程和应用过程。

➥ 经验萃取是加速员工成长的关键技术

一个部门虽然只有十几个人，但如果企业没有对部门经验进行汇总，好的经验得不到推广，员工就需要从头开始学习。如何加速企业员工的成长？其中一个有效的方法就是萃取。爱因斯坦曾经说过，人并不能在相同的认知水平上解决原来的问题，因为这样的认知水平，正是产生问题的原因。一个人的学习与成长通常是这样一个过程：通过对自己过往的经历与已有的经验进行反思，从中萃取出一般性的原则和规律，在新的工作与生活中自觉遵守并运用这些原则和规律，从而实现快速成长。

信息加工心理学家洛林·安德森认为，业务专家之所以能够更快、更有效地解决问题，是因为他们具备以下能力：

（1）掌握了解决问题或解决部分问题所需的行动顺序；

（2）能够在表面看起来完全不同的问题中，发现其相同的本质；

（3）能够将外显的陈述性知识转化为可以直接应用的程序性知识。

因此，企业不仅要对有形资本进行管理，还要将业务专家大脑中的隐性经验萃取为可传承、可复制的显性知识，然后将其作为企业的知识资产供员工学习和使用。

➥ 经验萃取能力是企业发展的内驱力

员工具备经验萃取能力，才能让企业保持持续发展的动力。有这样一句流传甚广的生活哲学名言："鸡蛋，从外打破是食物，从内破壳是生命。"企业亦是如此，从外打破是压力，从内破壳是成长。一个企业保持活力的"核心武器"，就是让员工拥有内化成长的经验萃取能力。

美国陆军有一种训练手段，名为"行动后点评"（After-Action Review，AAR）。西点军校对此评价道，在过去这些年里，AAR已经彻底改变了整个美国陆军。AAR的含义是，无论是在训练结束之后，还是在真正的战斗结束之后，所有士兵和军官都要一起讨论此次行动的得失。在讨论过程中，大家要畅所欲言，士兵要直言不讳地给军官指出错误，告诉他哪个地方指挥错了，然后上级有针对性地进行改进，提出新的改善计划和训练纲要。即使经验丰富的军官也做不到每战必胜，只有从过去的经历中不断萃取经验，才能做到防微杜渐。美国陆军通过AAR在复盘的过程中萃取经验，让所有士兵和军官拥有成长的内驱力。

➡ BEST 高能经验萃取"鱼"模型

既要授人以"鱼"，又要授人以"渔"。BEST高能经验萃取"鱼"模型是一条能够授人以"渔"的"鱼"。如图1-1所示，BEST高能经验萃取"鱼"模型共分为四个步骤：

（1）Blueprint制定蓝图，岗位经验情境化；

（2）Extract逐级萃取，隐性经验显性化；

（3）Structure建模封装，显性经验形象化；

（4）Transfer传承落地，推广经验普及化。

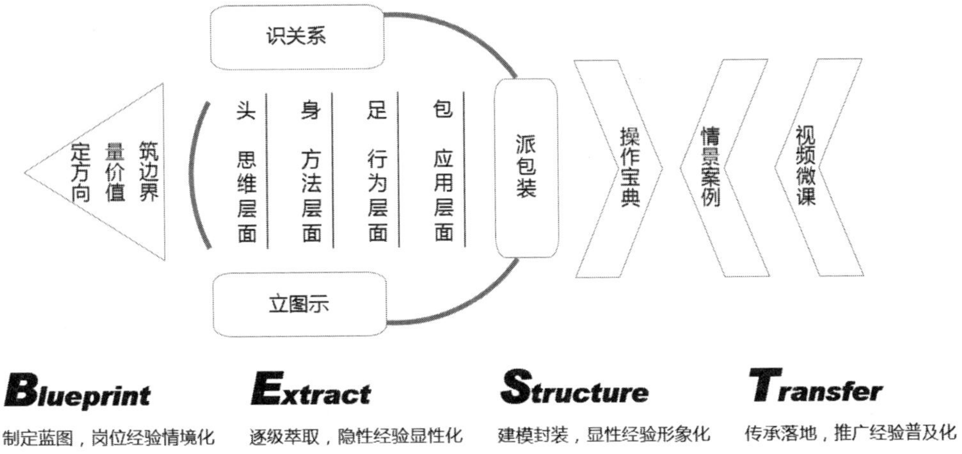

图1-1 BEST高能经验萃取"鱼"模型

在本书中，我将针对BEST高能经验萃取"鱼"模型的四个步骤，依次讲解如何选定经验萃取的主题、如何萃取业务专家的经验、如何让业务专家的经验更易于掌握，以及如何将业务专家的经验转化为企业的知识资产。

➥ AI在组织经验萃取中的五大价值体现

在数字化浪潮的冲击下，人工智能（AI）已经渗透到组织运营的各个角落，尤其在组织经验萃取方面带来了显著的变革。经验萃取，简单来说，就是对过往经验进行梳理与提炼，把零散的经验整合为系统的知识。而AI技术的加入，让整个流程变得高效、精准，焕发出全新的活力。下面，我们就来详细了解一下AI在组织经验萃取中体现的五大重要价值，并通过具有代表性的案例，看看它到底有多强大。

价值一：AI"加速度"，经验萃取效率狂飙

以往的组织经验萃取流程烦琐复杂，犹如在杂乱无章的仓库中手动寻找一颗特定的螺丝钉。从收集海量资料，到开展一对一访谈，再到分析大量数据，每一步都耗费大量人力和时间。然而，AI技术的出现，如同为仓库安装了智能分拣系统，极大地提升了经验萃取的效率。

在电子制造行业，生产环节繁多且数据量庞大。在新产品生产线搭建的经验萃取过程中，过往工作人员需要从各类设备操作手册、生产报表、技术文档以及员工的口头描述中提取关键信息，这一过程极为耗时费力。引入AI技术后，借助自然语言处理技术，AI能够快速扫描各类文档，自动对设备参数、工艺流程、质量控制数据等进行分类整合。例如，在智能手机生产线搭建经验萃取时，AI能够精准识别影响生产效率的关键设备故障代码及对应的解决措施，从而大幅减少人工筛选资料的工作量，宛如拥有一双精准的"电子眼"，瞬间锁定目标信息。

在员工访谈环节，AI同样表现出色。以往，人工访谈不仅耗时，访谈记录的整理与分析也极为繁重。如今，借助智能语音识别和转录技术，当员工分享经验时，AI系统能够实时将语音转化为文字，并自动进行初步分析。通

过分析员工的用词和语气，AI能够准确判断其描述是积极经验还是对某些流程的抱怨，宛如一位敏锐的倾听者。对大量访谈文本进行分析后，AI自动归纳常见问题及解决方案，为后续经验总结搭建清晰的框架，仿佛为复杂迷宫绘制了一张精确的地图。

通过这些AI技术的应用，在新产品生产线搭建经验萃取项目中，原本需要数月的工作时间得以大幅缩短，萃取的经验也更加全面且准确。这不仅节省了大量人力成本，还使新产品生产线搭建方案能够更快地优化与实施，大大提升了推出新产品的速度，为行业发展注入了强大动力。

价值二：AI"透视眼"，深挖经验核心奥秘

传统数据分析方法受样本量和分析手段的限制，在复杂数据中挖掘潜在规律和关键信息犹如大海捞针。而AI强大的数据分析能力，为组织在经验萃取过程中带来了精准且深入的洞察。

在金融行业，银行积累了海量的客户服务记录、投诉数据以及客户反馈问卷等资料。在提升客户服务质量的经验萃取项目中，AI首先对客户服务记录的文本数据开展情感分析，判断客户与客服人员沟通时的满意度。通过对大量服务记录的分析，AI发现了一些人工分析难以察觉的问题。例如，在特定时间段内，针对某类理财产品的咨询投诉率显著上升。进一步分析发现，这与当时市场利率波动以及银行内部对该产品的宣传侧重点有关，AI恰似从一团错综复杂的线索中，精准揪出了引发问题的关键线头。

同时，AI运用机器学习算法对客户特征数据和服务行为数据进行关联分析。通过构建复杂预测模型，AI能够预测不同类型客户在不同服务场景下的可能反应，从而为客服人员提供个性化服务建议。例如，对于高净值客户，AI分析发现他们更关注资产配置的个性化方案和专属服务，因此建议客服人员在沟通时重点介绍定制化的理财规划；而针对年轻上班族客户群体，AI可推荐其通过手机银行客服渠道获取服务，并以简洁交互、视觉化方式推送适合的小额理财产品，从而提升服务吸引力。

通过AI的精准分析，金融机构能够深入了解客户需求和服务问题，并制

定针对性的改进措施。实施后，客户满意度大幅提升，投诉率显著降低，为行业赢得了良好的市场口碑，促进了业务增长，如同为行业发展注入了一剂强心剂。

价值三：AI"信息桥"，畅通知识传承共享之路

对于拥有众多分支机构的大型组织而言，知识在不同地区和部门之间难以有效传承，往往如同孤岛般彼此孤立。然而，有效的知识传承与共享是组织保持竞争力的关键，AI技术为组织打造了高效、智能的知识传承与共享体系。

在能源化工领域，企业业务范围广泛且分支机构众多。为实现知识的有效传承与共享，企业引入了基于AI的知识管理平台。该平台运用AI技术对企业内部各类知识资源，如技术研发报告、安全生产标准、操作流程规范等进行整合与分类。借助自然语言处理和知识图谱技术，AI为每个知识内容建立了详细的索引。员工在查找相关知识时，能够快速、准确定位所需信息，如同在大型图书馆中，通过智能检索系统瞬间找到自己想读的书籍。

例如，在偏远地区的加油站设备维护项目中，技术人员在排查设备故障时遇到难题，只需在知识管理平台输入相关关键词，AI就能迅速从企业全球知识库中筛选出匹配的解决方案和经验案例。这些案例不仅包含文字描述，还可能包含相关图片、视频等多媒体资料，帮助技术人员更直观地理解和应用知识，如同为员工配备了一位随时在线的专业导师，手把手给予指导。

此外，AI能够根据员工的工作角色、业务需求及学习历史，提供个性化知识内容推荐。对于新入职员工，AI优先推荐基础培训资料和常见问题解答；对于经验丰富的技术专家，AI推送行业内最新的研究成果和前沿技术应用案例。这种个性化推荐机制，提高了员工获取知识的效率，促进了知识在组织内部的流动与共享，就如同为不同出行需求的旅客规划出最适宜的旅行路线。

通过基于AI的知识管理平台的应用，能源化工行业实现了知识传承与共享的优化。员工遇到问题时能够更快地找到解决方案，减少了重复劳动和错

误发生的概率。同时，企业内部的知识得到了更充分的利用，新员工能够更快地融入工作，提升了整个组织的运营效率和创新能力，仿佛为行业运转注入了高效的润滑剂。

价值四：AI"创作精灵"，内容生成整理一键搞定

在组织经验萃取过程中，内容生成与整理是一项繁重的任务。以往，萃取人员需要花费大量时间查阅资料、梳理思路，并逐字逐句撰写报告。而现在，借助AI写作工具，萃取工作变得轻松许多。

在家电厨卫行业，新品推广经验萃取借助AI取得了显著成效。萃取人员输入新品推广活动的核心信息后，AI能够快速生成初步报告框架。在描述推广创意亮点时，AI能够结合过往优秀案例的表述方式，生成生动且专业的文案，宛如资深广告文案大师。在经验要点整理方面，AI通过文本聚类和摘要生成技术，自动提炼核心经验要点。例如，从众多新品推广渠道效果分析案例中，AI能够总结出针对不同目标受众的最有效推广渠道组合，就像从一堆杂乱的拼图碎片中，快速拼出关键图案。萃取人员在此基础上进行审核与微调，即可得到高质量的经验总结，大大提高了内容整理的效率和准确性，如同为整理工作安装了高速引擎。

通过AI在内容生成与整理方面的辅助，家电厨卫行业的经验萃取工作效率大幅提升，生成的报告和经验总结质量更高，为行业内部的知识沉淀和业务提升提供了有力支持，宛如为行业发展增添了强大的助推器。

价值五：AI"成长导师"，员工能力进阶定制领航

在组织经验萃取中，AI依据员工个体差异，提供个性化学习与发展支持，助力员工提升能力，如同为每位学生量身定制专属学习计划。

在连锁餐饮行业，员工数量众多且岗位类型丰富。为满足不同岗位员工的培训与发展需求，企业利用AI技术构建了员工个性化学习平台。AI通过分析员工的工作数据，如服务时长、客户评价、销售业绩等，全面了解每位员工的工作表现和能力水平，宛如医生通过各项检查精准诊断病情。在此基础

上，AI根据员工的岗位需求和个人发展目标，为其量身定制学习计划。

在学习过程中，AI实时跟踪员工的学习进度和效果，并根据员工反馈及时调整学习计划。如果员工在学习某课程时遇到困难，AI会自动提供更多学习资源和辅导材料，或调整课程的难度和进度，就像为旅行者在途中根据实际情况调整行程安排。通过这种个性化学习支持，员工能够更有针对性地提升能力，工作绩效显著提升。连锁餐饮行业实施AI驱动的员工个性化学习方案后，员工流失率降低，客户满意度提升，为行业的稳定发展奠定了坚实基础，宛如为行业发展打造了稳固的基石。

综上所述，AI在组织经验萃取中展现出提升效率、精准分析、优化知识传承与共享、辅助内容生成以及支持个性化学习等重要价值。通过这些具有代表性的案例可以清晰地看到，AI技术的应用为组织带来了显著效益，助力组织在激烈的市场竞争中充分发挥自身优势，实现持续发展。随着AI技术的不断发展与完善，其在组织经验萃取领域的应用前景将更加广阔，有望为组织创造更多超乎想象的价值。

本章回顾

下面是针对本章内容的要点回顾，请选出正确的答案。

1. 在企业的经营与管理中，经验萃取就像围棋的复盘一样，是指萃取者复盘业务专家的经历，将业务专家大脑中的隐性经验转化为显性知识的技术。（正确/错误）

2. 经验萃取阻碍了企业师徒制的优秀基因的延续。（正确/错误）

3. 一个人的学习与成长通常是这样一个过程：通过工作与生活获得经历与经验，经过对经历与经验的反思，萃取出一般性的原则和规律，在新的工作与生活中自觉遵守与运用这些原则和规律，以使自己快速成长。（正确/错误）

4. BEST高能经验萃取"鱼"模型共四个步骤：（1）Blueprint制定蓝图，岗位经验情境化；（2）Extract逐级萃取，隐性经验显性化；（3）Structure建模封装，显性经验形象化；（4）Transfer传承落地，推广经验普及化。（正确/错误）

Q&A 参考答案

1. 正确
2. 错误
3. 正确
4. 正确

第二章

Blueprint制定蓝图，
岗位经验情境化

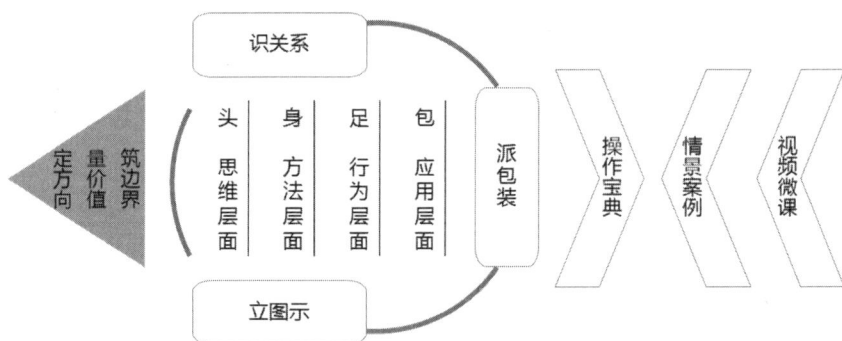

识关系

立图示

定方向 筑边界 量价值

头 思维层面

身 方法层面

足 行为层面

包 应用层面

派包装

操作宝典

情景案例

视频微课

Blueprint
制定蓝图，岗位经验情境化

Extract
逐级萃取，隐性经验显性化

Structure
建模封装，显性经验形象化

Transfer
传承落地，推广经验普及化

BEST高能经验萃取"鱼"模型

【本章经验导图】

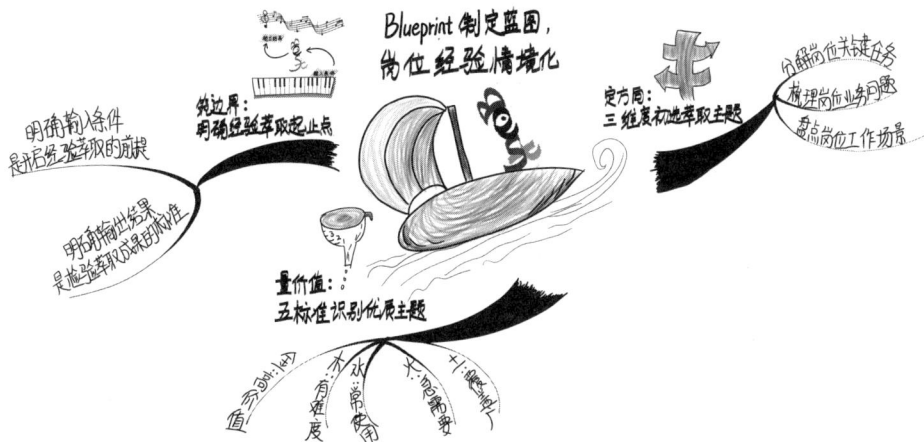

　　选对萃取经验的时机是非常重要的。孟子在《孟子·公孙丑上》中说："虽有智慧，不如乘势；虽有镃基，不如待时。"这句话的意思是，即使你很聪明，也必须等到时机成熟，智慧才能充分发挥作用；即使你有耕种的工具，也要等到合适的季节去种田，才能有所收获。对于企业而言，开展经验萃取同样需要选对时机。在企业发展的四个关键时刻，实施经验萃取尤为关键。这不仅关乎企业的成长，更关乎其文化的传承与创新。

　　首先，当企业规模扩大，需要吸纳大量新员工时，经验萃取的作用便显得至关重要。它能够将业务专家的宝贵经验转化为新员工成长的"营养剂"。以一家银行为例，每年都有众多新鲜血液注入，而那些经验丰富的专家的知识和技能，通过经验萃取，能够迅速传授给新员工，使他们能够快速适应岗位，满足工作需求。这种做法不仅提高了新员工的工作效率，也确保了银行服务质量的稳定性和连续性。

其次，在业务专家升迁之际，经验的沉淀对于企业而言，是实现长久良性发展的关键。我曾服务过一家工程施工企业，他们特别重视知识的传承，为此组织了一个青年干部培训班。这个培训班有一个特别的要求，即所有晋升的干部必须将自己在工程实践中积累的宝贵经验，转化为具体的工作方法和文档，以便未来的继任者能够使用相同的方法更有效地完成工作，并在此基础上进行持续的创新和改进。

再次，在员工频繁出错的工作环节，岗位经验的萃取显得尤为必要。这有助于降低错误率，减少企业的不必要损失。在我服务的一家制造型企业中，有一个关键工种——磨工，新员工在生产器件时常出现瑕疵。为此，我们召集了经验丰富的老员工，即所谓的"磨工大师"，将他们的工作经验进行萃取和沉淀，形成可执行的操作宝典和工具手册，以减少新员工在工作中的失误。这种做法不仅提升了产品质量，也增强了员工的自信心和归属感。

最后，在企业希望建立行业标杆时，通过萃取核心岗位的优秀经验，可将其打造成行业的标杆和认证体系，或使业务专家成为企业内部员工学习的典范。我曾服务过的一家知名餐饮企业，不仅在全国范围内享有盛誉，还成立了自己的餐饮大学。该企业将餐饮管理和营销过程中的经验进行系统化沉淀，形成了一套完整的餐饮服务和营销课程。这不仅提升了企业的品牌形象，也吸引了众多行业内外的学员。如今，他们正致力于打造行业标准，引领整个行业的发展方向。

企业不仅要选择正确的萃取启动时机，还要挑选颗粒度适中的萃取主题。在学习过程中，知识被拆解得越细致、步骤分解越清晰，其掌握难度就会相应降低。在体育及音乐训练领域，普遍推崇"分块"式学习方法。首先，对整个动作或曲目进行整体性观察，以了解业务专家的操作方式。随后，将动作或曲目细分为多个小部分，逐一进行练习，从而逐步实现全面掌握。这种方法的优势在于，它允许学员专注于每个小部分，从而更深入地理解每个细节，避免了在一开始就试图掌握整个复杂过程时可能遇到的挫败感。通过这种分而治之的策略，学员能够逐步建立对整个动作或曲目的理解，最终达到熟练掌握的境界。此外，这种方法还鼓励学员在掌握每个小部分后，进行自我反思和评估，确保每个小部分都达到预期的标准，从而保证了学习的质量和效率。

BEST高能经验萃取"鱼"模型的第一步是"Blueprint制定蓝图，岗位经验情境化"。通过聚焦岗位工作情境或岗位具体业务问题，企业确保萃取主题的颗粒度和价值性。首先，定方向，通过三个维度初步选定萃取主题，同时确保萃取主题的颗粒度适中；其次，量价值，运用五个标准识别对企业有价值的一系列萃取主题，绘制岗位经验萃取蓝图；最后，筑边界，明确经验萃取的起止点，即明确所需萃取经验的输入条件和输出结果。

➥ 定方向：三维度初选萃取主题

在经验萃取的过程中，第一步是定方向，这一步至关重要，它决定了我们后续努力的成效。正如射击运动员在瞄准靶心时的专注与细致，经验萃取的主题也需如此精准。如果主题偏离了核心，那么无论后续工作多么努力，都可能徒劳无功。因此，我们必须慎重考虑如何选择主题，哪些主题更具价值，以及如何界定主题的边界。本节内容将引导大家深入探讨这些问题，并通过实践来掌握经验萃取的艺术。

在选择萃取主题时，我们需要遵循四个核心原则，它们分别是绩优任务、关键任务、实操类任务和具体任务。让我们逐一审视这些原则。

首先是绩优任务。我们所萃取的主题必须是业务专家已经完成的最佳实践。这涉及三个关键要素：必须有业务专家的参与，任务必须已经完成，成果必须是最佳的。那么，什么是最佳实践呢？它指的是在完成任务的过程中，效果达到最优，或者在执行任务时效率最高。例如，在"如何制定进出口企业融资方案"这一主题中，我们选取的专家在制定融资方案时，其成功率比普通员工高出50%~70%，这样的主题便体现了我们所说的最佳效果。

其次是关键任务。关键任务的选择与业务目标紧密相关，它支撑着公司未来业绩目标的实现。以"如何提高0.5mm间距QFP芯片的一次焊接合率"为例，芯片作为产品中的核心部件，其对焊接工艺的要求不言而喻。因此，这个主题的价值极高，是未来业绩目标实现的关键。在选择主题时，我们还需考虑某些主题可能随着时间推移而价值递减的情况。

再次是实操类任务。实操类任务要求我们关注员工在实际工作中遇到的问题或需要完成的任务。以"如何利用高端楼盘获取高净值客户"为例，我们不会将"高端楼盘"或"高净值客户"作为主要研究对象，而要聚焦于如何完成任务，即选择实际操作的技能类任务。

最后是具体任务。具体任务的要求是描述需要尽可能详尽，包含具体的业务情境和动词。例如，"在厅堂办理业务时如何提高老年客户的办理速度和满意度"这一主题，其核心目标是提升速度和满意度。通过"在厅堂办理业务"和"老年客户"这两个关键词，我们限定了任务的具体性。遵循这一原则，未来专家在分享经验时，将能更精确地提供针对性的建议。

企业在选择萃取主题时，可以从三个维度入手，分别是分解岗位关键任务、梳理岗位业务问题和盘点岗位工作场景。

分解岗位关键任务

在企业中，每个岗位都有相应的职责，每项职责会被细化为具体的工作任务，而每个任务还可能被进一步划分为更具体的子任务。这些任务和子任务都可以作为经验萃取的主题。分解岗位关键任务可以分为两个步骤：第一步，列举岗位职责对应任务；第二步，形成岗位任务地图。其操作过程如图2-1所示。

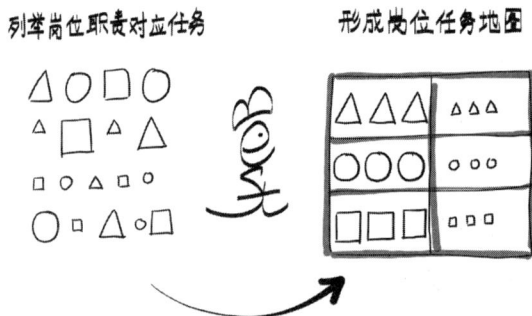

图2-1　分解岗位关键任务

【案例2-1】银行新任柜员快速成长宝典

某银行希望新任柜员能够快速掌握岗位核心技能，以适应实际工作，并在三个月内成为一名优秀的员工。

第一步，列举岗位职责对应任务。该银行首先邀请了拥有多年经验的业务专家和人力资源管理者，让他们针对柜员岗位职责列举柜员应该完成的所有工作任务，如表2-1所示（由于篇幅有限，表中内容为节选）。需要注意的是，在罗列工作任务时，大家不用细分哪些是一级任务、哪些是子任务，只需根据岗位职责充分列出即可。

表 2-1　岗位职责对应的任务和子任务（节选）

办理存／取款业务	办理 B 股转账	办理结售汇业务
办理开／销户	个人汇款（大额／小额支付）	办理挂失业务
挂失销户	办理国内结算业务	借记卡开户
支付跨境人民币	撤销临时挂失	换卡及领卡
远期结售汇	外币存／取款	办理境内外币划转
开立外币汇票	本币存／取款	介质与密码同时挂失
境内居民开立基金账户	支票取现	借记卡卡片挂失与密码挂失
短信通知服务的开立和取消	办理外汇宝	外管政策（额度）
打印历史交易明细	办理光票托收	现金结售汇
开户许可证的挂失	出售重要空白凭证	账户结售汇
存折／单开销户	行内汇款	密码挂失
开立兑付本票	实物贵金属销售	查询查复（含银行承兑汇票）
办理对私销户	购买账户贵金属	办理贵金属及理财业务
办理国际结算业务	保险的线上／线下出单	ATM 操作
办理海外电汇	公司存款	买理财／基金操作
兑付旅行支票	大额存单	POS 机入账
借记卡销户	办理对公开户及资料变更	ATM 清机操作
转账（存／取款）	办理对公销户	存单挂失
转账（结售汇）	检查凭证打印纸	—
结售汇统计码	ATM 故障排除与报修	—
转账冲正	办理转账汇款业务	—
结售汇冲正	办理借记卡业务	—

第二步，形成岗位任务地图。对于列举的一级任务和子任务，根据对应的岗位职责进行相应的分组归类，厘清一级任务与子任务之间的从属关系，形成岗位任务地图。岗位任务地图以表格的形式展现将更加直观，如表2-2所示。

表2-2　岗位任务地图

序号	一级任务	子任务
1	办理存／取款业务	外币存／取款
		本币存／取款
		支票取现
		公司存款
		大额存单
2	办理开／销户	开户许可证的挂失
		存折／单开销户
		办理对私销户
		办理对公开户及资料变更
		办理对公销户
3	办理国内结算业务	出售重要空白凭证
		开立兑付本票
		查询查复（含银行承兑汇票）
4	办理国际结算业务	办理海外电汇
		兑付旅行支票
		办理外汇宝
		办理光票托收
		支付跨境人民币
		远期结售汇
		开立外币汇票
5	办理转账汇款业务	行内汇款
		办理境内外币划转
		办理B股转账
		个人汇款（大额／小额支付）

续表

序号	一级任务	子任务
6	办理借记卡业务	借记卡开户
		换卡及领卡
		借记卡销户
		转账（存/取款）
		转账（结售汇）
		境内居民开立基金账户
		短信通知服务的开立和取消
		打印历史交易明细
7	办理结售汇业务	外管政策（额度）
		现金结售汇
		账户结售汇
		结售汇统计码
		转账冲正
		结售汇冲正
8	办理挂失业务	介质与密码同时挂失
		借记卡卡片挂失与密码挂失
		挂失销户
		密码挂失
		存单挂失
		撤销临时挂失
9	办理贵金属及理财业务	实物贵金属销售
		购买账户贵金属
		保险的线上/线下出单
		买理财/基金操作
		POS机入账
10	ATM操作	ATM清机操作
		检查凭证打印纸
		ATM故障排除与报修

在这个案例中，并非所有的任务都会成为萃取的主题。到底哪个任务能成为萃取的主题？我们会在本章第二节中为大家详细介绍评估萃取主题价值的五个维度。

梳理岗位业务问题

在选取萃取主题时，我们还可以从企业的战略目标和主营业务入手，使用"萃取主题五问法"循序渐进地挖掘需要萃取的主题。

问战略

对于企业来讲，首先要明确自己当下的核心战略、核心业务和核心产品是什么，为接下来的工作指明方向。

例如：

- 企业今年的核心战略是什么？
- 企业今年的核心业务和核心产品是什么？

问目标

通过询问业绩目标和考核目标来量化战略，使战略的描述更加深入和具体，为后续的萃取主题明确标准。

例如：

- 针对核心业务和核心产品，企业今年想达到的业绩目标是多少？
- 针对核心业务和核心产品，企业考核的关键指标有哪些？

问任务

询问支撑业绩目标的关键任务和子任务，从而确定可以萃取的主题。

例如：

- 在完成业绩目标的过程中，哪些是关键任务？
- 除了这些关键任务，企业还需要完成哪些子任务？

问挑战

通过询问以上任务的核心步骤或关键环节，找到其中将面临的障碍和挑战，从而选出可以萃取的主题。

例如：

- 在完成以上工作任务的过程中，有哪些核心步骤或关键环节？
- 在每个步骤或环节中，存在哪些障碍或挑战？

问原因

通过分析障碍或挑战，找出背后的关键原因，并将其作为萃取的主题。选取的萃取主题必须是由人的能力不足或操作错误所导致的。对于由客观环境因素所导致的问题，需要对其进行深入具体的分析后，再决定是否将其作为萃取的主题。

例如：

- 导致这些障碍或挑战出现的关键因素是什么？
- 哪些是人为因素，哪些是客观环境因素？

在梳理岗位业务问题的过程中，询问战略和目标是指导我们确定萃取方向和定位萃取目标的关键步骤，而询问任务、挑战和原因则是为了从一开始就锁定初步的萃取主题。

盘点岗位工作场景

盘点岗位工作场景这种主题方式可以独立使用，也可以作为前两种主题方式的深入和细化。例如，某大型百货卖场商品策划主管的核心工作任务之一是"如何确定货架资源调整方向"。这个工作任务可以直接作为萃取的主题，但由于任务颗粒度偏大，相应的萃取难度也较大。经过对工作任务场景的细化，原主题最终被划分为八个萃取子主题。这些萃取子主题具体包括：

（1）在存在销售差异的情况下，如何确定货架资源调整方向。

（2）在天气变化的情况下，如何确定货架资源调整方向。

（3）在季节变化的情况下，如何确定货架资源调整方向。

（4）在法定节假日的情况下，如何确定货架资源调整方向。

（5）在新品到货的情况下，如何确定货架资源调整方向。

（6）在销售趋势变化的情况下，如何确定货架资源调整方向。

（7）在促销活动的情况下，如何确定货架资源调整方向。

（8）在商圈变化的情况下，如何确定货架资源调整方向。

萃取主题经过场景细化后，既降低了萃取的难度，又保障了萃取成果的质量。

盘点岗位工作场景有两种常见的方式：一种是从人的角度出发，即面对哪些不同的对象；另一种是从事的角度出发，即面对哪些不同的情况。盘点岗位工作场景的示意图如图2-2所示。

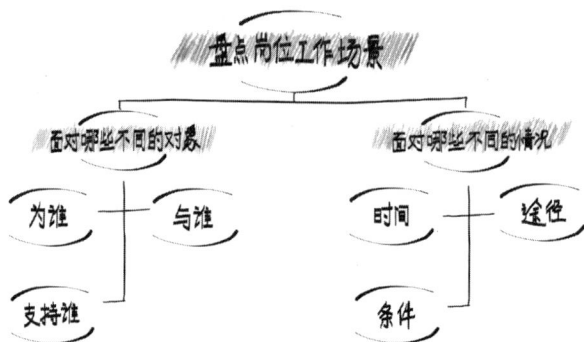

图2-2　盘点岗位工作场景的示意图

面对哪些不同的对象

从人的角度出发，可以具体分为"为谁""与谁""支持谁"三种情形。

（1）为谁：这个任务是为谁服务的。例如，在厅堂为老年客户办理业务时，如何提高办理速度和客户满意度；在厅堂为商务人士办理业务时，如何推广增值业务。

（2）与谁：这个任务是与谁一起来完成的。例如，人力资源专员在面谈时如何配合部门主管挽留离职员工。

（3）支持谁：这个任务是用来支持哪个上级部门或领导的。例如，与上级领导进行项目沟通时，如何准确地记录工作任务。

通过这种方式，企业可以更系统地梳理岗位工作场景，为经验萃取提供更精准的主题方向。

【案例2-2】如何通过人伤协谈降低保险赔付

Y保险公司是一家全国性股份制财产保险公司。在公司理赔业务中，如何通过人伤协谈降低保险赔付是理赔业务中的关键任务。在课堂上，学员将人伤协谈需要面对的人群分为两类，分别是第三者和客户。其中，针对第三者又分为三类，分别是本人、家属、代理人；针对客户也分为三类，分别是驾驶人、被保险人、代理人。不同的人员有不同的诉求，处理的方法自然也会有所区别。

针对六类不同的人员（第三者本人、第三者家属、第三者代理人、客户驾驶人、客户被保险人、客户代理人），萃取业务专家的经验，得出的人伤协谈降低保险赔付的方法会更准确，也更容易应用到实际工作中。

面对哪些不同的情况

从事的角度出发，可以具体分为不同的时间、途径和条件三种情况。也就是说，一个任务发生的时间不同、途径不同、条件不同，所需要的经验也会有所不同。例如，驾校教练在教学员开车时，会根据不同的驾驶时间（白天或夜晚）、不同的途径（手动挡或自动挡）、不同的条件（普通路面或冰雪路面），给出不同的经验和指导。再如，在指导一个人跑步时，跑步的条件不同（跑步机、马拉松跑道、山地越野跑道等），所需要给出的经验和注意事项也是不同的。

【案例2-3】如何在会议上做好临时发言

在会议上，临时被邀请发言是一件常有的事。当临时被邀请发言时，发言者需要有一个思考过程，但又不能造成冷场，因此他们需要边铺垫发言边快速准备材料。对于经常参会的人来说，这方面的经验是急需且非常重要的。对于这个问题，我们首先要按照时间对发言进行细分。一般来说，发言是有顺序的，是第一个发言、最后一个发言，还是在中间发言，所用到的方法是不同的。然后针对不同的发言顺序，进行对应经验的萃取，这样才能给出正确的指导。

确定萃取主题之后，接下来是详细阐述该主题。阐述萃取主题的方法可以遵循一个特定的结构，即"如何+动词+名词"，换言之，即"如何完成某项任务"。然而，为了使描述更加精确，我们可以在动词前添加相关的场景、方式和方法，在名词前加入限定词以聚焦特定任务。格式为：如何

（××场景/××方式/××方法）动词（聚焦任务的限定词）名词。例如，"如何制定方案"，"方案"可以是"进出口企业融资方案"；"如何提升符合率"，"符合率"可以是"底盘转向颠簸路异响标准符合率"等。这种结构不仅有助于清晰地界定萃取范围，而且能为萃取者提供一个明确的行动指南，确保萃取工作能够有序地进行。

有人可能会提出疑问，为何要在动词和名词前加入这些限定词。原因在于，在选择萃取主题时，必须考虑到主题的适中颗粒度。若主题过于宽泛，则可能导致萃取难以深入；若主题过于狭窄，则可能无法充分支撑业务需求。因此，通过使用限定词以及场景、方式和方法的描述，我们可以使萃取任务更加具体化。这不仅有助于萃取者集中精力在关键问题上，而且还能提高萃取的效率和成果的实用性。在企业环境中，这种具体化的方法尤其重要，因为它能够确保萃取结果直接关联到公司的核心业务和战略目标。

以"如何通过公开招标方式最大化回收呆滞物料剩余价值"为例，该主题的核心在于"如何回收剩余价值"。采用何种方式？是"通过公开招标的方式"。哪部分的剩余价值？是"呆滞物料的剩余价值"。这个主题的提出，源于企业对成本控制和资源优化的不懈追求。在当前的市场环境下，企业面临着激烈的竞争和不断变化的客户需求，因此，如何有效地管理和利用资源，尤其是那些看似无用的呆滞物料，成为企业提升竞争力的关键所在。

如果仅将萃取主题定为"如何回收剩余价值"，则主题范围可能过于宽泛。通过添加方式和限定词的详细描述后，主题变得更加具体。这种具体化不仅有助于萃取者明确萃取方向，而且能确保萃取结果具有针对性和可操作性。在实际操作中，萃取者需要深入分析呆滞物料的性质、市场价值以及回收过程中的潜在障碍，从而制定一套切实可行的回收方案。

再如，"如何在开机过程中降低缠刀停机次数""如何依托助农点提高农村客户手机银行营销成功率"，都是采用类似描述方式的例证。这些主题的提出，往往源于企业对生产效率和营销结果的双重关注。在现代企业管理中，细节往往决定成败，因此，即使看似微不足道的问题，也可能成为企业改进和创新的契机。

萃取者可利用表2-3进行主题的萃取工作。

表 2-3　萃取主题清单

主题公式	如何（××场景/××方式/××方法）动词（聚焦任务的限定词）名词
初步主题	1. 如何×××× 2. 如何×××× 3. 如何×××× 4. 如何×××× 5. 如何××××

→ 量价值：五标准识别优质主题

在"定方向：三维度初选萃取主题"这个环节，我们初步选定了萃取主题，但这并不代表马上就要开始萃取。我们还需要识别出那些高价值、有难度、常使用、急需要、覆盖广的主题。当选定的萃取主题满足这五个标准后，我们就可以肯定地说，这是企业值得萃取和推广的经验。

针对这五个筛选标准，我结合了"金、木、水、火、土"五个元素，希望能帮助大家更好地理解和记忆，如图2-3所示。

图2-3　衡量萃取主题价值的五个标准

金：高价值

在进行主题选择时，我们要挑选那些能够与企业核心战略目标紧密相连的关键任务。这些任务不仅能够推动企业向前发展，还能够显著提升企业的绩效，同时有效降低不必要的成本开支。在众多可选萃取主题中，我们应当优先考虑那些能够带来立竿见影效果的任务，因为它们对于企业的快速成长至关重要。

黄金，自古以来就被视为财富和价值的象征，其珍贵和稀有性赋予了它无可比拟的价值。因此，在这里，我用"金"字来隐喻那些在企业运营中具有极高价值的经验和知识。这些经验，就如同黄金一般，是企业宝贵的资产，能够为企业带来长远的利益和竞争优势。

在评估萃取主题时，可以提出以下两个关键问题：

- 这个萃取主题是否能帮助企业快速提升绩效？
- 这个萃取主题是否能帮助企业快速降低成本？

木：有难度

有难度的经验更值得学习。很多人都有过这样的经历：在曾经一起读书的同学中，有的人虽然很努力、很用心，但学习成绩总是一般；而有的人看起来没怎么用功，每逢考试却都能取得好成绩。这是为什么呢？有人把这归因于智商差异。这个因素确实存在，但心理学研究表明，大多数人的智商差异并不大，即便有差异也完全可以通过后天的努力来弥补。那么，究竟是什么原因导致智商差异不大的个体在学习、工作中会取得不同的成绩呢？美国作家安德斯·艾利克森和罗伯特·普尔在他们的著作《刻意练习：如何从新手到大师》一书中提到：一旦某个人的表现达到了"可接受"的水平，并且可以做到自动化，那么再多"练习"几年也不会有什么进步，而且还会缓慢退化。这时，有目的的练习才会使学习更加有效。一个人遇到的挑战越大，大脑的变化就越大，学习也越高效。

有难度的经验更能激发员工的学习热情。员工在平时工作中，经过一段时间的磨合和修炼后，是可以胜任大多数工作的。如果他们萃取的经验来自那些平时能够轻松完成的任务，那么他们的学习热情自然不会很高；而那些有难度、经过努力才能完成的任务更容易激发他们的学习热情，从而促使其快速成长。

成长是一个持续的过程，也是一个艰辛的过程。因此，我用具有生长属性的"木"来代表有难度的经验。

在评估萃取主题时，可以提出以下两个关键问题：

- 这个萃取主题在工作中是否总是出现差错？
- 这个萃取主题对于员工的学习和应用是否有挑战？

水：常使用

对于员工而言，频繁运用所萃取的经验至关重要。从认知层面来看，记忆这些经验相对容易，因为重复的实践能够加深印象，形成稳固的知识结构。然而，从应用层面来看，如果某项经验在员工的日常工作中不常被使用，即便当时掌握得再熟练，随着时间的推移，这些经验也可能逐渐淡出员工的记忆。这是因为人类大脑倾向于遗忘那些不经常被激活的信息，而将资源分配给那些频繁使用的知识。因此，为了确保经验的持续应用和记忆，企业应当创造一个环境，鼓励员工在日常工作中不断回顾和运用这些宝贵的经验，从而避免知识的流失。

水乃生命之本，亦是人体能量的重要来源。因此，我以水作为频繁使用经验的象征。正如水在自然界中循环不息，滋养万物，经验的不断应用也应当成为员工工作生活中的常态。它不仅能够帮助员工在面对挑战时迅速做出反应，还能够促进团队之间的知识共享，形成一个积极向上的学习型组织文化。通过将经验的运用比作水的流动，我们可以更形象地理解其在个人成长和组织发展中的重要性。

在评估萃取主题时，可以提出以下两个关键问题：

- 这个萃取主题在工作中是否被经常用到？
- 这个萃取主题是否是员工必须掌握的？

火：急需要

经验的紧迫性对于其推广具有显著的促进作用，并且在实际工作环境中能够迅速体现其价值。如果提炼的经验恰好满足员工的紧迫需求，那么在推广及应用过程中将发挥关键性作用。许多包含"火"字的成语或短语，如"十万火急""火烧眉毛""水深火热""火急火燎"，均能形象地描绘出紧急或紧迫的状况。因此，我使用"火"字来代表那些紧迫需要的经验。

在评估萃取主题时，可以提出以下两个关键问题：

- 这个萃取主题是不是员工急需的？
- 这个萃取主题是否能够快速提升员工的核心能力？

土：覆盖广

使用萃取经验的人越多，其价值越大。如果萃取的经验符合前面四个标准，但使用这个经验的人很少，那么意味着这个经验的价值也会大打折扣。让80%的员工优秀起来比让20%的业务专家变得更优秀所创造出的价值会更大。广袤无垠的土地是人类赖以生存的空间，因此，我用"土"来代表覆盖广的经验。

在评估萃取主题时，可以提出以下两个关键问题：

- 这个萃取主题的适用人群是否广泛？
- 这个萃取主题的适用场景是否广泛？

萃取者可以使用表2-4进行主题的评估。

表2-4　萃取主题评分表

序号	萃取主题	业务专家	专家评分（10分/项）					总分	排名	是/否作为主题
			金	木	水	火	土			
			高价值	有难度	常使用	急需要	覆盖广			
1										
2										
3										
4										
5										

在选择萃取主题时，除了上述五个标准，还应考虑是否拥有相应的业务专家资源。一名员工是否能成为业务专家，关键在于他是否满足"三高"标准，即高水平、高绩效和高意愿。所谓高水平，意味着业务专家需具备丰富的实战经验，这些经验必须经过长时间的实践验证，以确保经验的结构稳固，从而有效地指导员工。高绩效则表明业务专家的业绩卓越，其实践的有效性最终需通过业绩来体现。高意愿则体现在业务专家愿意分享个人经验，他们乐于通过回顾和总结自身经验来提升自我，并且愿意将这些宝贵经验传授给其他同事。

针对主题价值显著但缺乏相应领域专家的情形，我们可以采取两种策略。

第一，从外部引入经验。包括：邀请外部业务专家到企业进行授课；向行业标杆企业学习；从外部招聘具备相关业务专长的专家。

第二，组织内部杰出员工。通过研讨与共同创造的方式，探索解决问题的策略，并在后续实践中持续进行改进与优化。

我们可以通过五个标准来评估并选择需要萃取的主题。这些主题既可以是独立的，也可以是系统化的。企业应当对选定的主题进行分类和排序，构建一个主题萃取蓝图，这不仅有助于员工进行系统化学习，还能有效地对萃取的主题进行查漏补缺。例如，手机银行营销萃取蓝图如图2-4所示。

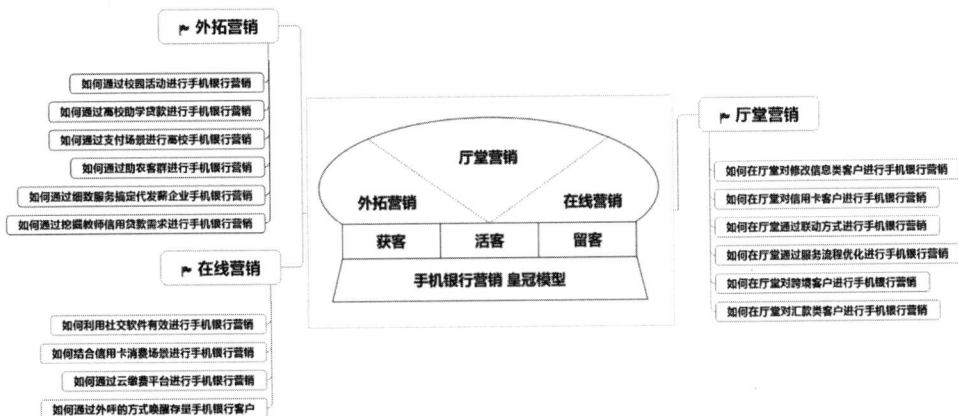

图2-4　手机银行营销萃取蓝图

➡ 筑边界：明确经验萃取起止点

任何经验都是有边界的。每一个成功的事例都有其成功的特定环境和特定条件。例如，狭义相对论就是以两个假设前提为基础提出来的："以下的讨论将以相对性原理和光速不变原理为依据，这两条原理我们定义如下：（1）物理体系的状态据以变化的定律，同描述这些状态变化时所参照的坐标系与两个在互相匀速平行移动着的坐标系中的哪一个并无关系；（2）任何光线在'静止的'坐标系中都是以确定的速度运动着，不管这道光线是由静止的还是运动的物体发射出来的。"（摘自爱因斯坦的论文）

在这个环节中，我们要明确萃取主题的起止点。一是要明确所需萃取经验的输入条件，也就是说，学员要具备哪些条件才可以开始学习这个经验。二是要明确所需萃取经验的评价标准，也就是说，达到什么样的定性或定量目标才可以证明这个经验是合格的。

明确输入条件是开启经验萃取的前提

这个经验未来面向的对象是谁？他们学习这些经验应该具备哪些基本条件？这些问题在萃取前必须提前思考清楚。例如，如何教会一个人做西红柿炒鸡蛋。当接到这个任务时，有经验的人会马上给出答案："要把西红柿切成块，要选质量好的鸡蛋，要先去城北李老汉家买柴鸡蛋。"这些答案都是对的，但你会发现，如果一个任务没有明确的输入条件，那么给出答案时就要考虑很多的变量，有些人甚至会从养鸡开始思考，这样会给萃取者和学员带来很大的困难。因此，我们要根据使用经验的对象，设置好萃取和学习经验所需要的输入条件。

在明确输入条件时，我们可以从三个方面考虑，如表2-5所示。

表2-5 经验萃取的输入条件

输入条件	说　明
When	与时间相关的要求。例如，学员需要多久的基础工作经验
Where	与地点相关的要求。例如，学员需要在哪些特定的地点工作
What	与内容相关的要求。例如，学员需要具备哪些基础知识和技术能力

通过明确这些输入条件，企业可以确保萃取的经验具有可操作性和针对性，从而更好地指导员工的学习和实践。

明确输出结果是检验萃取成果的标准

在萃取经验前，明确输出结果是为了检验萃取的成果是否达标。输出结果是否达标基于两个方面的标准：一个是定性目标，另一个是定量目标。

- 定性目标：用变化趋势来指示经验需要达到的目标。例如，能够对现场所发现的问题进行有效排查并整改。
- 定量目标：用明确的数字来检验是否达到目标。例如，在三个月内将员工满意度提升10%。

我们应根据萃取主题的实际情况来确定是以定性目标为标准，还是以定量目标为标准。对于教练教授新手开车这个过程来说，输出结果的标准可以是利用一切条件穿越障碍路面到达终点，也可以是驾驶车辆由百米起点线处起步、在百米内完成从最低挡逐级到最高挡的加速，再从最高挡逐级减速到二挡。很显然，完成这两个目标所需要的经验是不一样的。

明确定性目标或定量目标，我们可以从完成任务的数量、时间、质量和成本四个维度进行设置，如表2-6所示。

表2-6　经验萃取的输出结果

数量	客单价 / 进店率 销量 / 销售收入 / 销售额 产量 毛利 / 利润 / 利润增长率 客户保有率 / 市场保有率 / 市场占有率 团队规模 / 人均产值
时间	标准工时 新产品上市时间 采购周期 生产周期 按时交货率 物流时效 产品效期 / 周转率

续表

质量	客户满意度 客户投诉率 连续差错率 资金风险/逾期/不良率 一次合格率/次品率/返工率/退货率 安全性/事故率 员工流失率
成本	原材料成本/生产成本 采购成本 销售费用 管理费用

在"Blueprint制定蓝图，岗位经验情境化"这个步骤中，我们完成了定方向、量价值、筑边界三个环节的操作，大家可以将相关内容填入表2-7所示的岗位经验萃取任务书中。

表 2-7　岗位经验萃取任务书

任务名称		受众对象	
输入条件		输出结果	
业务专家		萃取时间	

【案例2-4】如何借助渠道拓展诉讼保全业务

针对如何借助渠道拓展诉讼保全业务这个萃取主题，业务专家梳理出了岗位经验萃取任务书，如表2-8所示。

表 2-8　借助渠道拓展诉讼保全业务岗位经验萃取任务书

任务名称	如何借助渠道拓展诉讼保全业务	受众对象	支公司商业非车险团队
输入条件	了解目前已有渠道现状； 熟知诉讼保全责任险的相关概念； 熟悉投标的基本流程	输出结果	每季度借助渠道拓展的诉讼保全责任险保费提升50万元
业务专家	（略）	萃取时间	（略）

➜ AI 提示词设计四要素

在AI提示词设计领域，"三定一限"四大要素至关重要，它们相互协作，助力AI精准领会并完成任务。

定身份

身份对于AI执行任务时的专业视角具有决定性作用。通过精确地确定任务执行者的角色定位，不同的身份由于其专业领域、知识储备、行事风格以及立场的差异，在处理任务时会表现出截然不同的方法。例如，医生基于医学专业知识诊断病情，律师依据法律条文处理纠纷。身份就像为执行者赋予了特定的"能力标签"，决定着他们看待和解决问题的独特视角。

定任务

任务需清晰说明AI的最终产出。清晰无误地阐述任务目标是整个指令的核心，为执行者指明前行的方向，让其明确工作的核心内容与关键任务，如同为船只确定航行的目的地。

定要求

要求明确了AI任务完成后的预期结果、输出格式及参考示例。全方位设定任务执行的标准，从质量、数量、时间到风格偏好等多个维度，为任务完成情况划定合格与优秀的界限，让执行者对任务成果有清晰的预期和参照。

限制条件

在AI提示词设计中，补充额外的限制条件或特殊要求至关重要。这些条件可能涉及资源限制、特定规则遵循、风险规避等，旨在确保任务结果契合特定需求，避免出现偏差。

四要素的应用示例

示例1：银行零售业务部的产品经理

定身份：你是银行零售业务部的产品经理。

定任务：设计一款面向年轻上班族的专属信用卡产品。

定要求：突出信用卡在日常消费、线上支付场景的优惠权益，信用额度设定合理，申请流程简洁快速，卡片设计具有时尚感。

限制条件：注意控制信用卡发卡成本，优惠活动预算需在银行季度营销预算范围内，同时要确保符合央行关于信用卡业务的最新监管要求。

示例2：银行对公业务客户经理

定身份：你是银行对公业务客户经理。

定任务：为一家中型制造业企业设计融资方案。

定要求：结合企业的经营状况、资产规模和发展规划，提供利率合理、还款方式灵活的融资产品组合，融资额度满足企业设备升级和扩大生产的资金需求。

限制条件：注意对企业的财务风险和信用风险进行全面评估，确保银行资金安全。

示例3：制造业企业的质量控制工程师

定身份：你是制造业企业的质量控制工程师。

定任务：建立一套针对新产品的质量检测流程。

定要求：涵盖原材料检验、生产过程抽检、成品全检等环节，明确各环节的检测标准和抽样方法，确保产品质量符合行业最高标准。

限制条件：注意检测流程要高效，不能过多影响生产进度；同时要考虑检测设备的成本和维护难度，优先选用操作简便、稳定性高的检测设备。

示例4：电子制造企业的新产品研发项目负责人

定身份：你是一家电子制造企业的新产品研发项目负责人。

定任务：主导研发一款具有创新性的智能穿戴设备，从产品概念设计到完成样品制作。

定要求：产品要具备独特的功能卖点，如精准的健康监测功能、长续航能力、时尚轻便的外观设计等，以满足目标客户群体（年龄在18~45岁的科技爱好者）的需求。研发周期控制在12个月以内，研发成本控制在800万元以内。在研发过程中，要遵循行业相关标准和规范，确保产品通过各项安全和性能检测。项目研发报告需详细记录产品设计思路、技术难点攻克过程、测试结果等内容，报告内容完整、条理清晰。

限制条件：在产品设计阶段，要充分收集市场反馈和用户需求，根据调研结果及时调整产品设计方案。同时，加强与企业内部其他部门（如生产部门、市场部门）的沟通协作，确保产品研发与后续生产、市场推广顺利衔接。

随着自然语言处理技术的发展，有人认为结构化提示词已不再必要。然而，实践证明，结构化设计仍具有不可替代的优势。根据我的实际操作经验，结构化提示词在众多领域依旧展现出其不可替代的独特优势。

从信息精准度来看，有结构的提示词通过明确的四要素，如同为信息传递构建了精准航道。例如，在某服装品牌新品推广项目中，品牌营销经理使用有结构的提示词向自然语言处理系统下达任务："作为负责本次秋季服装新品推广的核心策划专员（定身份），依据目标受众画像及当下时尚趋势，策划线上线下整合推广方案（定任务）。方案需确保新品上市首月曝光量达1000万次，线上互动率不低于15%，线下门店客流量增长20%，同时要结合当季流行元素突出新品特色（定要求）。注意多参考过往同类型产品推广数据、目标受众最新消费偏好调研报告以及行业内近期成功推广案例（限制条件）。"AI系统能够基于这些清晰界定、精准聚焦的关键信息，制定极具针对性的推广策略。

相比之下，如果采用纯自然语言，经理可能只是简单地说："帮我想个秋季新品的推广方案，让新品多些曝光，吸引更多客户。"这种模糊的表述，自然语言处理系统难以确定推广重点，不同系统对"多些曝光""吸引更多客户"的量化理解可能千差万别，且缺乏数据及案例参考，导致输出的推广方案准确性大打折扣。有结构的提示词通过严谨的结构，引导AI系统沿着正确的路径分析，极大地提升了输出结果的准确性。

综上所述，定身份、定任务、定要求和限制条件是AI提示词设计的关键要素。精心设计这些要素，能够引导AI在不同行业中高效、准确地完成任务，为工作和决策提供有力支撑。

AI+ 萃取主题

在股份制银行中，对公客户经理扮演着至关重要的角色。他们不仅是企业与银行之间的桥梁，更是推动业务增长和维护客户关系的关键力量。为了更好地萃取这些岗位上的宝贵经验，我们计划对这些岗位职责进行深入分析，并罗列出核心任务。这不仅有助于新员工快速了解和掌握岗位要求，还能为整个团队提供明确的工作指导。

我们可以借助像DeepSeek这样的智能平台。具体操作为：首先打开浏览器，登录DeepSeek网站，用手机号注册登录后，即可在对话框中与DeepSeek进行对话。

AI提示词：罗列岗位核心任务

定身份：请你扮演一名拥有10年以上经验的资深银行对公业务专家。我们是一家股份制银行，计划进行一次对公客户经理的岗位经验萃取。

定任务：请针对对公客户经理岗位，列出相应的岗位职责，并针对岗位职责罗列出20项核心任务。

定要求：

1. 分解对公客户经理的岗位职责。

2. 罗列岗位职责下的核心任务。

限制条件：不要罗列标准操作任务或简单任务，要罗列对业务影响较大或影响业务指标的关键性业务。

DeepSeek输出结果实录如图2-5所示。

☒ 已深度思考（用时22秒）∨

对公客户经理岗位职责分解与核心任务清单

以下基于股份制银行业务特点，结合对公客户经理岗位要求，分解职责并列出20条核心任务：

一、客户关系管理

1. 客户分层维护

○ 按企业规模、行业、合作潜力对存量客户分层，制定差异化的维护策略。

2. 定期客户拜访与需求挖掘

○ 每月至少完成20家重点客户的现场拜访，记录需求并反馈至后台部门。

3. 客户满意度优化

○ 每季度开展客户满意度调研，针对痛点（如审批效率、产品适配度）制定改进方案。

二、业务拓展与营销

4. 新客户开发

○ 通过行业展会、商会等渠道获取企业名单，季度新增有效客户不少于5户。

5. 存量客户深度挖潜

○ 分析客户交易数据，识别存款、结算、跨境等业务增量机会。

6. 综合金融服务方案设计

○ 结合客户经营周期（如扩张期、并购期）定制"融资+结算+顾问"组合方案。

三、授信与风险管理

7. 授信全流程管理

○ 完成贷前尽调报告，跟踪审批进展，确保重点项目过会率≥85%。

8. 贷后风险监控

○ 按月检查客户财报、抵质押物状态，发现风险信号48小时内预警。

9. 合规性审查

○ 确保客户KYC资料、反洗钱信息完整，监管检查零重大缺陷。

四、产品落地与创新

10. 重点产品推广

○ 季度完成供应链金融、跨境FT账户等战略产品落地3例。

11. 客户定制化产品适配

○ 联合产品部门设计差异化方案（如科技企业知识产权质押融资）。

12. 数字化工具应用

○ 推广企业网银、API直连等工具，提升客户线上化服务占比至70%。

图2-5 罗列岗位核心任务输出结果

```
五、协同与资源整合

13. 跨部门协作推进
    ○ 联动投行、资管部门为客户提供"商行＋投行"综合服务。

14. 政府及第三方资源对接
    ○ 搭建园区、行业协会合作渠道，获取优质客户推荐。

六、客户价值提升

15. 客户培训与赋能
    ○ 每季度举办外汇避险、财税优化等主题沙龙，提升客户黏性。

16. 企业资金链优化
    ○ 为集团客户设计资金池、票据池方案，降低财务成本5%以上。

七、市场研究与竞争应对

17. 同业动态分析
    ○ 监控竞争对手定价策略，每周提交市场情报简报。

18. 行业深度研究
    ○ 聚焦新能源、专精特新等赛道，输出行业授信策略指引。

八、绩效管理与自我提升

19. 目标达成与复盘
    ○ 按月分解存贷款、中收指标，周例会汇报进展并调整策略。

20. 专业能力迭代
    ○ 通过行内培训、CFA/FRM认证考试，持续提升金融工具运用能力。
```

图2-5　罗列岗位核心任务输出结果（续）

在确定经验萃取主题时，应重点关注那些对新员工具有挑战性的任务。这些任务通常需要特定的技能和知识，一旦新员工掌握，将显著提升其工作效率和业务能力。接下来，我们将通过AI提示词来识别出20项核心任务中的挑战性任务。

AI 提示词：识别挑战任务

定身份：请你扮演一名拥有10年以上经验的资深银行对公业务专家。我们是一家股份制银行，计划进行一次对公客户经理的岗位经验萃取。

定任务：针对上述核心任务，请明确指出新员工需重点攻克或掌握的关键任务。

定要求：请列出10项挑战任务，输出格式为“如何（××场景/××方式/××方法）动词（聚焦任务的限定词）名词”。请参考以下案例的格式输出：

1. 如何利用高端楼盘获取高净值客户。

2. 如何通过公开招标方式最大化回收呆滞物料剩余价值。

限制条件：请注意，在选择萃取主题时，应确保其对新员工既具有挑战性，同时也要关注该主题对组织绩效的价值。新员工掌握这些任务的完成方法，将有助于新员工更快地适应岗位。

DeepSeek输出结果实录如图2-6所示。

1. 如何通过分层拜访策略挖掘重点客户隐性需求
(对应任务2：定期客户拜访与需求挖掘)

2. 如何结合企业生命周期定制组合金融服务方案
(对应任务6：综合金融服务方案设计)

3. 如何利用行业展会资源快速锁定潜在对公客户
(对应任务4：新客户开发)

4. 如何通过财报异常指标识别贷后风险信号
(对应任务8：贷后风险监控)

5. 如何运用供应链金融产品提升客户资金周转率
(对应任务10：重点产品推广)

6. 如何联动投行部门设计"债权+股权"综合服务方案
(对应任务13：跨部门协作推进)

7. 如何通过外汇避险沙龙提升客户黏性与中间收入
(对应任务15：客户培训与赋能)

8. 如何利用工商数据平台筛选专精特新企业目标客户
(对应任务18：行业深度研究)

9. 如何通过KYC资料交叉验证防范反洗钱风险
(对应任务9：合规性审查)

10. 如何拆解存贷款指标制定周度客户攻坚计划
(对应任务19：目标达成与复盘)

图2-6 识别挑战任务输出结果

为了确保萃取的主题能够真正服务于银行的战略目标和员工的实际需求，我们将从五个关键维度进行评估：高价值、有难度、常使用、急需要、覆盖广。通过这五个维度的综合考量，可以确保选出的主题不仅能够助力员工迅速成长，还能为银行带来显著的改进和效益。接下来，我们将利用AI提示词从10项挑战任务中筛选出3个备选的萃取主题。在依赖AI推荐的同时，萃取者也需结合自身的工作经验和实际情况，以实现更精准的主题。

AI 提示词：评估优质主题

定身份：请你扮演一名拥有10年以上经验的资深银行对公业务专家。我们是一家股份制银行，计划进行一次对公客户经理的岗位经验萃取。

定任务：请针对以上主题，从以下五个维度进行评估，并选出3个萃取主题。

定要求：

1.高价值：

这个萃取主题是否能帮助企业快速提升绩效？

这个萃取主题是否能帮助企业快速降低成本？

2.有难度：

这个萃取主题在工作中是否总是出现差错？

这个萃取主题对于员工的学习和应用是否有挑战？

3.常使用：

这个萃取主题在工作中是否被经常用到？

这个萃取主题是不是员工必须掌握的？

4.急需要：

这个萃取主题是不是员工急需的？

这个萃取主题是否能够快速提升员工的核心能力？

5.覆盖广：

这个萃取主题的适用人群是否广泛？

这个萃取主题的适用场景是否广泛？

限制条件：注意所选定的主题必须切实符合银行的战略目标，并能满足员工的实际需求。

DeepSeek输出结果实录如图2-7所示。

⚙ 已深度思考（用时27秒）∨

萃取主题评估与筛选结果

基于高价值、有难度、常使用、急需要、覆盖广五个维度，从10项任务中综合评选出以下3个主题：

主题1：如何通过分层拜访策略挖掘重点客户隐性需求

评估依据：

- **高价值：** 直接推动客户价值提升（战略目标），隐性需求转化可增加存款/中收（降本增效）；
- **有难度：** 新员工普遍存在"拜访无重点、提问无逻辑"问题，需掌握客户画像分析与SPIN提问技巧；
- **常使用：** 客户经理日均拜访量3-5户，是最高频工作场景；
- **急需要：** 新员工首月需独立承担客户拜访任务，直接影响试用期考核；
- **覆盖广：** 适用于所有对公客户经理，覆盖存量维护、新客拓展双场景。

主题2：如何通过财报异常指标识别贷后风险信号

评估依据：

- **高价值：** 风险防控是银行生命线（战略目标），提前预警可减少不良资产（降本增效）；
- **有难度：** 新员工财务分析能力薄弱，易忽略存货周转率陡降、应收账款账龄异常等信号；
- **常使用：** 贷后检查每月执行，涉及制造业、贸易业等80%以上客户；
- **急需要：** 近年中小企业信用风险高发，监管要求强化贷后管理；
- **覆盖广：** 适用于所有授信客户，且技能可迁移至尽调、审批等环节。

主题3：如何联动投行部门设计"债权+股权"综合服务方案

评估依据：

- **高价值：** 满足客户多元化融资需求（战略目标），带动投行业务收入（增效）；
- **有难度：** 需理解对赌协议、可转债等复杂结构，协调多个部门资源；
- **常使用：** 科技型企业、拟上市企业服务中需求强烈，季度应用频次≥2次；
- **急需要：** 注册制改革下企业资本运作需求激增，成为竞争差异化关键；
- **覆盖广：** 覆盖长三角、珠三角等科创密集区域，适用并购、Pre-IPO等场景。

落选任务对比说明

- **供应链金融产品应用：** 虽覆盖广，但部分区域产业链基础薄弱（覆盖广度受限）；
- **外汇避险沙龙运营：** 高价值但区域性银行需求集中在外贸企业（场景覆盖不足）；
- **KYC交叉验证：** 重要性高但可通过标准化流程解决（难度系数相对较低）。

图2-7　评估优质主题输出结果

依据AI的评分结果，并结合业务的实际情况，我们决定采用"如何通过财报异常指标识别贷后风险信号"作为案例，来演示运用AI萃取经验的过程。详细的萃取过程，请参阅后续章节。

本章回顾

下面是针对本章内容的要点回顾，请选出正确的答案。

1. 企业在选择萃取主题时可以从三个维度入手，它们分别是分解岗位关键任务、_____和盘点岗位工作场景。（梳理岗位业务问题/分析岗位难点痛点）

2. 萃取主题五问法分别是问战略、问目标、_____、问挑战、问原因。（问任务/问职责）

3. 常见的盘点岗位工作场景的方式有两种，一种方式是盘点岗位上"面对哪些不同的对象"，另一种方式是盘点岗位上"面对哪些不同的情况"。（正确/错误）

4. 关于"面对哪些不同的对象"可具体分为为谁、与谁、_____。（支持谁/作为谁）

5. 关于"面对哪些不同的情况"可具体分为不同的时间、地点和条件三种情况。（正确/错误）

6. 衡量萃取主题的价值的五个标准是高价值、_____、常使用、急需要、覆盖广。（有难度/容易学）

7. 萃取经验之前，我们要先明确输入条件，这样做是为了确定萃取主题的方向。（正确/错误）

Q&A参考答案

1. 梳理岗位业务问题

2. 问任务

3. 正确

4. 支持谁

5. 错误

6. 有难度

7. 错误

第三章

Extract逐级萃取，
隐性经验显性化

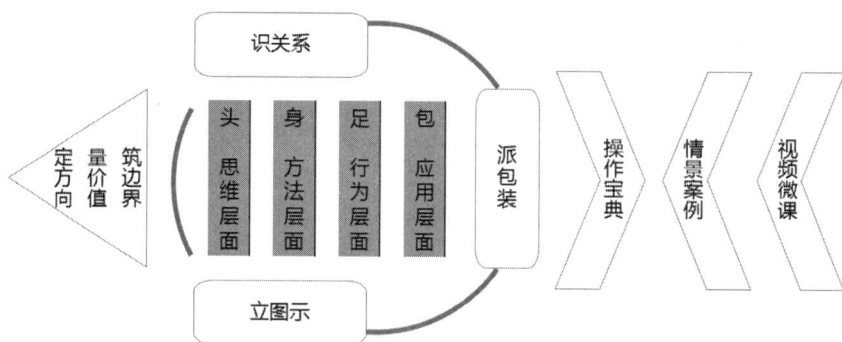

Blueprint

制定蓝图，岗位经验情境化

Extract

逐级萃取，隐性经验显性化

Structure

建模封装，显性经验形象化

Transfer

传承落地，推广经验普及化

BEST高能经验萃取"鱼"模型

【本章经验导图】

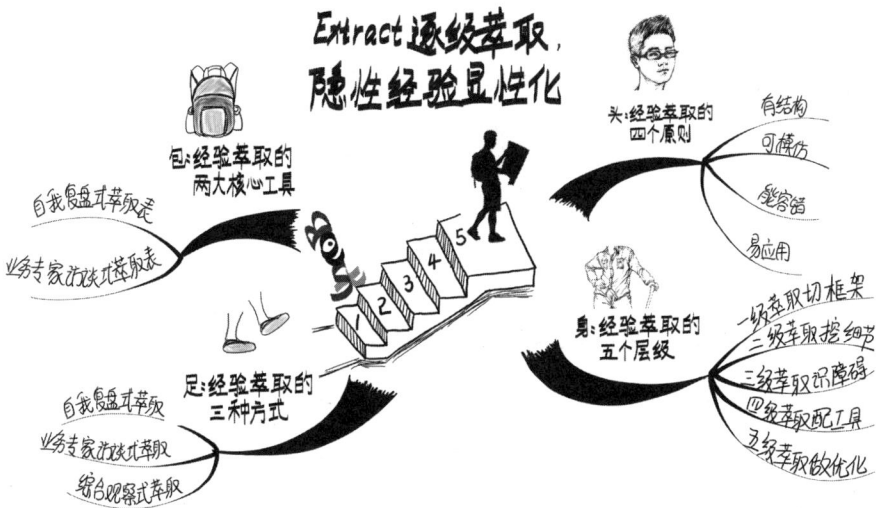

完成第一步后，接下来我们进入第二步"Extract逐级萃取，隐性经验显性化"。在这一章，我们首先介绍萃取成果包含的四个层面，如图3-1所示。

图3-1　萃取成果包含的四个层面

第一个层面是"头：思维层面"。"头"是大脑所在地，发挥着指明方向的作用。"头：思维层面"是指业务专家完成任务时需要遵守的基本原则、实施标准和行为规范。

例如，我们从北京出发去旅游，"头"指挥的是方向。我们去哪里？往南走还是往北走？如图3-2所示。

图3-2　头：思维层面——从北京出发去旅游的方向选择

第二个层面是"身：方法层面"。"身"是大脑中思维实现所依赖的主体部分，它以"头"为指挥中心，提供相应的支持和其他反馈。"身：方法层面"是业务专家经验的核心框架，也就是普遍意义上的通用规律和方法论。"身"的精髓在于，它是一种可以用来被人们广泛传播和学习的模板，如常见的时间管理方法中的番茄工作法和GTD（Getting Things Done）工作法。

例如，我们决定从北京出发去上海。不论我们通过什么方式（自驾、乘高铁、乘飞机）去上海，都会有不同的路程，这个路程就是我们所说的"身"。如图3-3所示。

图3-3　身：方法层面——从北京出发去上海的不同方式

第三个层面是"足：行为层面"。"足"代表人的手足，是在"身"的指令下的具体执行者。"足：行为层面"是指业务专家经验框架下的关键动作与操作要点，是针对方法层面的具体行为指导。方法和行为是紧密相连的，在很多情况下，方法层面必须借助行为层面来实现。例如，在时间管理的番茄工作法中，一个定义的工作时间为25分钟，一个休息时间为5分钟。那么在25分钟的工作时间内，我们该如何让自己集中精力呢？当遇到突发情况时，我们怎么办？一个番茄钟结束后，是否要继续进行下一个？这些都是操作番茄钟的具体行为，是运用好这个方法的具体行为指导。

例如，我们选择自驾的方式从北京去上海。经验丰富、驾驶技术熟练的老手司机自然开得比较快，还省油。相比老手司机，新手司机不仅开车速度比较慢，在遇到突发情况时，由于处理经验不足，还会发生很多意想不到的情况。"足"是指驾驶汽车的基本操作、行为细节和注意事项等。如图3-4所示。

图3-4　足：行为层面——自驾从北京到上海

第四个层面是"包：应用层面"。"包"是人所使用的工具，是提升工作效率和提高工作质量的关键，一个好的工具能够帮助我们更快地实现目标。"包：应用层面"是业务专家经验中所使用的配套工具。例如，在时间管理工具的使用过程中，原始的GTD工作法要求你使用多个文件夹来分类存放各种任务，然而这种方法既烦琐又费时。于是，相应的电子化工具应运而生，如我们常用的Omnifocus，这个工具可以有效地避免定期维护各种各样的文件夹、备忘录的麻烦，同时也能真正实践GTD工作法的工作流程。

例如，我们从北京自驾去上海，当其他条件相同时，若一辆车选择了GPS导航，另一辆车借助地图和路标寻找路线。很显然，使用GPS导航的车会更快到达终点，出错的概率也会更小。GPS就是我们所说的"包"，就是我们这趟行程中的配套工具。如图3-5所示。

图3-5　包：应用层面——自驾从北京到上海的工具选择

→ 头：经验萃取的四个原则

我们在做事情的时候要遵循一定的原则和标准。当面临两难抉择时，我们只要遵循原则和标准，很多事情就能迎刃而解了。经验萃取应符合四个原则，它们分别是有结构、可模仿、能容错、易应用。

经验萃取的第一个原则：有结构

下面是一组保险柜的密码，给你15秒的时间，你能记住多少。

预备，开始。

密码：149162536496481100。

时间到，都记住了吗？如果你都能记住的话，10分钟后我再问你，你觉得还能记住多少？如果时间推到1天后，你觉得还能记住多少？对于上面这组密码，如果你知道了其背后的结构，你可能很难忘记，这个结构就是$1^2 2^2 3^2 4^2 5^2 6^2 7^2 8^2 9^2 10^2$。

业务专家比新手更容易发现大量信息背后所隐含的结构，换句话说，他们比新手更容易看到信息的全貌。业务专家的大脑就像我们生活中的"衣橱"，如果我们将一件黑色外套交给业务专家收纳，他们往往能够快速地决定将这件外套放在哪个位置。因为业务专家非常了解"衣橱"的结构，他们会将外套按照一定的规律存放在衣橱中的某个位置。不仅如此，他们还掌握了多种可以提取信息的方式。当需要找到这件黑色外套时，他们能够通过检索"外套、冬季服装、正装、黑色衣服"来快速找到这件黑色外套。但对于一个新手来讲，由于他没有掌握衣物的储存规律，他会将衣服随意地放在一个地方。当需要找到这件黑色外套的时候，他只能从混乱的一堆衣服中随机寻找，如果经过很长时间仍然找不到，他也许会无奈地拿起离手边最近的一件穿上。

很多新手更喜欢有结构的知识。任何事物均有其自身的结构，大到宇宙星系，小到颗粒尘埃。如果我们从结构的视角去审视和思考一个非常复杂的问题，我们就会更容易看清它。因此，在萃取经验时，我们需要把业务专家大脑中的隐性经验有结构地萃取出来，并让它们非常容易地被新手理解和传播。

经验萃取的第二个原则：可模仿

模仿，作为人类学习过程中的一个关键环节，贯穿于个体成长的各个阶段。从孩提时代的牙牙学语，到青少年时期对艺术大师作品的临摹，再到成年后在职场上对业务专家的模仿学习，模仿始终是知识传递和技能掌握的重要途径。例如，书法爱好者通过临摹古代名家的字帖，逐渐领悟笔墨的韵律与力度；绘画学徒通过临摹经典画作，学习色彩的搭配与构图的技巧；表演艺术的学员通过模拟前辈的表演，掌握角色的内心世界与情感表达。历史上，音乐巨匠莫扎特亦是通过模仿巴赫、亨德尔等大师的作品，汲取音乐的精髓，最终创作出具有个人风格的不朽乐章。

心理学家的研究进一步证实，人类的思维发展遵循着从具体到抽象、由初级向高级逐步演进的规律。模仿不仅能够帮助普通员工快速构建起知识体系和能力框架，而且能够使他们有效地吸收业务专家的经验，从而在工作中实现知识与技能的内化，达到提升个人能力的目的。

模仿是提升员工创造力的重要方式。在提升员工创造力的道路上，模仿同样扮演着至关重要的角色。思维科学研究揭示，人们在学习和实践中积累的知识单元——相似块，广泛存在于客观事物与认知主体的思维活动中。这些相似块是创新思维的基石，它们在大脑中的自动汇合、接通和激活，是创新灵感产生的源泉。在实际工作中，普通员工通过观察和模仿业务专家的实践经验和工作方法，能够更快地掌握复杂的工作流程和解决问题的策略。同时，当员工结合自身的优势和特点，将模仿得来的知识与技能进行个性化调整和创新应用时，他们不仅能够提高工作效率，还能在工作中展现出独特的创造力。

这种通过模仿学习并结合个人特色的过程，是员工成长和职业发展的重要途径，也是企业培养创新人才、推动组织进步的关键策略。

经验萃取的第三个原则：能容错

经验萃取的前提是成功者的经验是可以复制的。但是，"对危险的关注高于对成功的关注"是人的一种本能，从某种意义上来说，"保证不失败"就是另一种成功。所以，经验中的失败和教训同样值得萃取。

在萃取业务专家的经验时，我们更倾向于萃取成功的经验，而往往忽略了业务专家的失败和惨痛教训。从另一个角度来讲，失败和惨痛教训也是众多经验的一部分。因此，我们在萃取成功经验的同时，同样需要分析失败的原因，并进一步萃取失败的经验、吸取惨痛教训，只有这样才能保证我们萃取出的经验更加实用。

经验萃取的第四个原则：易应用

易应用是一种以学员为中心的理念，目的是让萃取出的经验能够符合学员的思维方式和工作习惯。易应用就好比现实中的弓箭和汽车所起的作用：弓箭是对人手的延伸，让我们可以捕获远处的猎物；汽车是对人脚的延伸，让我们可以跑得更快。易应用主要用来判断萃取出的经验是否便于学员使用。

教育心理学告诉我们，心理因素决定着人类的学习意愿和学习效果。心理因素包含智力因素和非智力因素，而绝大多数人的智力差异并不大。因此，造成两极分化的一个重要因素是非智力因素在应用阶段的差异。所以，提升经验的易用性及学员成功运用经验的信心，是促进学员对经验学以致用的关键。

接下来，让我们来看一个完整的萃取案例。这个案例一共六个部分，我用（1/6）~（6/6）的方式来表示。

📄【案例3-1】如何做好当面销售时的异议处理（1/6）

一名新任的终端体验店销售代表在当面处理客户异议时，常因采用不当的方法和策略而错失销售机会。为使该销售代表能够运用有效的方法、策略和话术来应对客户异议，企业组织了对业务专家经验的萃取，并制定了萃取任务书，详情见表3-1。

表3-1 萃取任务书

任务名称	如何做好当面销售时的异议处理	受众对象	新任销售代表
输入条件	熟知产品相关信息和参数；熟悉销售的基本流程	输出结果	做到有方法、有策略、有话术地应对客户异议；个人销售业绩提升10%
业务专家	销售总监和资深销售代表	萃取时间	略

通过对业务专家的经验进行萃取，我们总结出销售代表在处理客户异议时应遵循三个基本原则：保持微笑服务；时刻给客户留面子；尊重客户的选择。

➥ 身：经验萃取的五个层级

通过对多年萃取实践的总结，我们将经验萃取分为五个层级。一级萃取切框架，这一级的核心是找到业务专家经验中的核心支撑，并将其按照一定规律组合成框架，为后续的萃取工作奠定基础。二级萃取挖细节，在完成第一级萃取后，我们需要深入挖掘每个框架的关键环节、关键动作和关键要点。这一级是经验萃取的难点，也是核心所在。三级萃取识障碍，针对框架中的核心动作和细节中的关键要点，识别出易错点、障碍点和挑战点。识别这些点的目的是找到对应的解决方案，帮助学员减少错误和弯路。四级萃取配工具，这一级的目标是为业务专家的经验配备实用工具，降低应用难度，提升易用性。五级萃取做优化，在这一级，主要工作是对前四级的萃取成果进行优化，确保最终获得高质量的成果。

【案例3-2】如何做好当面销售时的异议处理（2/6）

以下对话内容是通过访谈获取的成功经验案例之一。我们先来了解业务专家在处理客户异议时，是如何化被动为主动，最终取得销售成功的。

客户：我考虑一下。

销售代表：先生，我能理解您想要再考虑一下的想法，毕竟这是一笔不小的开支。不过，您还有哪些方面的因素尚未考虑清楚呢？

客户：没有，谢谢，我需要再考虑一下。

销售代表：非常抱歉，是不是我没有向您介绍清楚呢？如果这样的话，我再向您详细介绍一下吧。

客户：不是，我今天第一次来看，还想再比较一下。

销售代表：您觉得还需要再比较一下，我非常理解你的想法。您想再比较一下，想必是还有一些顾虑，对吗？

客户：没什么，我觉得还要再比较一下。我对一体机电脑是刚刚接触，我想多看看，然后再做决定。

销售代表：您说的这些都很有道理。看来还是我没有给您介绍清楚，还请您多担待。一体机产品……（介绍一体机的功能和卖点），您还有什么顾虑吗？

客户：说实话，我觉得你们的机器有点贵，这超出了我最初的预算。

销售代表：首先感谢您对我们产品的认可。现在您觉得产品本身是满意的，只是价格超出了您的预算，对吧？

客户：是，你们家的一体机确实有点贵。

销售代表：我特别理解您想买到物美价廉产品的心情。说心里话，我也希望这个产品能卖得更便宜一些，这样我也能多卖一些。不过，您知道，我们的产品是全国统一定价。这样做的目的，一方面是为了维护市场的公平竞争，另一方面是为了更好地保证客户的利益，确保产品品质始终如一。您一定也希望买到一个品质有保障的产品，对吧？

客户：当然。我看其他家的一体机电脑都有赠品，你家应该也有吧？

销售代表：当然有，而且我们的赠品是厂家原装产品，质量同样有保障（介绍赠品）。您今天是刷卡还是付现金呢？如果是刷卡，现在还有刷卡返券活动，会比较划算。

客户：那我就刷卡吧！

这是一次成功的销售。案例中销售代表与客户对话的内容，就是我们要萃取的经验。那么，针对这样的经验，我们该如何萃取呢？

一级萃取切框架

一级萃取切框架是经验萃取的基础环节，框架作为经验的基础结构，能够为经验的系统化和连贯性提供支撑。通过框架，可以将业务专家分享的经验进行结构化梳理，从而为后续的深入萃取奠定基础。框架的科学性和易用性，直接决定了进一步萃取的完整性和准确性。经验萃取的第一步是搭建经验的核心框架，并在此基础上解构经验的操作细节。

常见的切分萃取框架的方法主要有两种：第一种是按流程步骤切框架；第二种是按核心要素切框架。

按流程步骤切框架

任何工作任务的完成都有其内在的时间顺序，可以根据工作任务的流程和发展程序进行框架切分。在切分过程中，需重点关注实际工作中的关键步骤和程序。在业务专家讲述经验时，如果出现"先""再""接着""然后"等表示时间顺序的词汇，应特别关注。此外，常见的表示时间顺序的表述词还包括"第一……第二……第三……第四……""首先……其次……再次……""首先……然后……最后……""过去……现在……将来……"等。

按核心要素切框架

该方法是在以结果为导向的前提下，将一个工作任务按照其中的核心要素进行分解。具体而言，就是从完成工作任务的方式、维度等要素入手进行切分。例如，若要提升某种产品的销量，可以从功能、外观、价格和营销等维度进行分析。

【案例3-3】如何在营业厅礼貌地递接物品

与客户之间礼貌地递接物品的过程是营业厅服务工作中的一个重要环节。工作人员在递送物品时，应面带微笑起身向前，用双手为客户递送物品，并确保方便客户接取；接取物品时，应起身向前并目视客户，用双手接拿；在接受客户递交的任何物品时，均应向客户道谢。

以上描述的服务过程，如果按流程步骤切框架的话，可以分为以下三步：

（1）目视对方含笑意。工作人员在递接物品时，首先要目视客户，面带微笑，以表达友好和尊重。

（2）起身向前双手递。工作人员起身向前，用双手递送或接取物品，确保动作规范、礼貌。

（3）真诚道谢送客离。在接受客户递交的物品时，工作人员应真诚地向客户道谢，表达感谢之情。

如果按核心要素切框架的话，可以分为以下五个要素：

- 眼：目视对方，保持眼神交流，表达专注和尊重。
- 面：面带微笑，传递友好和热情的服务态度。
- 手：双手递接物品，确保动作规范、礼貌，方便客户接取。
- 身：起身向前，主动靠近客户，体现积极主动的服务意识。
- 言：真诚道谢，表达对客户的尊重和感谢。

以上两种方法切分的框架都是有效的。具体使用哪一种框架，要根据员工的实际情况和输入条件进行选择。

在切分框架时，需注意框架数量最好不超过七个，且框架颗粒度应保持均匀。此外，可借鉴成熟通用模型。例如，解决问题的框架萃取者可参考麦肯锡流程：发现问题并分类；将问题转化为具体课题；找出替代方案；评估各方案；选择最佳方案并行动。

【案例3-4】如何做好当面销售时的异议处理（3/6）

在案例3-2中，通过对业务专家经验的萃取，我们提炼并列举了案例中销售代表与客户对话的关键话语，如表3-2所示。

表3-2　案例中的关键话语

（1）我能理解您想要再考虑一下的想法。
（2）您还有哪些方面的因素尚未考虑清楚呢？
（3）您觉得还需要再比较一下，我非常理解您的想法。
（4）您想再比较一下，想必是还有一些顾虑，对吗？
（5）您说的这些都很有道理。看来还是我没有给您介绍清楚，还请您多担待。
（6）您还有什么顾虑吗？
（7）现在您觉得产品本身是满意的，只是价格超出了您的预算，对吧？
（8）我特别理解您想买到物美价廉产品的心情。
（9）针对客户的异议，有针对性地介绍产品功能和卖点。
（10）您今天是刷卡还是付现金呢？

通过归纳和分析，并与业务专家确认，我们可以依据流程步骤的框架对经验进行切分。当面销售异议处理分为四个步骤，如表3-3所示。

表3-3　当面销售异议处理的步骤

案例中的关键话语	萃取的框架
我能理解您想要再考虑一下的想法。 您觉得还需要再比较一下，我非常理解您的想法。 我特别理解您想买到物美价廉产品的心情。	第一步：认同感受
您还有哪些方面的因素尚未考虑清楚呢？ 您想再比较一下，想必是还有一些顾虑，对吗？ 现在您觉得产品本身是满意的，只是价格超出了您的预算，对吧？	第二步：明确问题
您说的这些都很有道理。看来还是我没有给您介绍清楚，还请您多担待。 处理客户的异议，并有针对性地介绍产品功能和卖点	第三步：解决异议
您还有什么顾虑吗？ 您今天是刷卡还是付现金呢？	第四步：促发行动

第一步是认同感受，与客户保持情绪上的一致。在此过程中，销售代表的语言和动作应尽可能与客户保持同步，以促使客户对销售代表产生信任。第二步是明确问题，确保给出的答案与客户提出的问题属于同一范畴。第三步是解决异议，针对客户提出的问题，给出基于事实的合理解答，并在解答时观察客户的反应，从而决定下一步行动。第四步是促发行动，检验异议是否处理成功最有效的方法是请求客户采取购买行动。如果客户愿意付款购买，则说明处理是成功的；如果客户仍有疑虑且不愿付款，就需要继续询问客户的真实顾虑，并有针对性地加以解决。

二级萃取挖细节

为了更好地为员工赋能，我们不仅要提供基础框架，还要给出每个框架下的操作细节和应用指导。二级萃取挖细节实施过程中采用的方法如表3-4所示。

表3-4　二级萃取挖细节

挖 细 节	详 细 说 明
关键环节	在一级框架下，具体包含哪些步骤或子步骤
关键动作	在一级框架下，需要完成哪些关键动作
关键要点	在一级框架下，需要关注哪些要点和信息

针对不明白或需要深入了解的内容，我们可以随时要求业务专家列举工作中实际发生的例子。有时，为了获取更宝贵的经验，我们还需要跟随业务专家一起工作，观察他们是如何完成任务的，以及他们是如何灵活运用这些方法和技巧的。

【案例3-5】如何做好当面销售时的异议处理（4/6）

通过对多位业务专家的深度访谈和细节挖掘，我汇总了在当面销售处理异议时，每个框架上的操作要点，以及针对每个要点的操作说明及示例，具体内容如表3-5所示。

表 3-5　异议处理的操作要点和每个要点的操作说明及示例

流程步骤	操作要点	操作说明及示例
认同感受	点头迎合	点头互动：快速点头表示认同理解；缓慢点头展现专业权威
		表情迎合：保持常规表情，面带微笑；根据客户的感受变化调整表情，以迎合对方情绪
	表达认同	赞扬对方提问水平。例如，"您这个问题问得太好了。""这个问题只有您这样的专业人士才问得出来。"
		突出问题显而易见。例如，"您的这个问题每天至少会有五个人问到。""您的这个问题太普遍了，即使您不问，我也会告诉您。"
		表达内心强烈感受。例如，"我也希望这个产品能卖得更便宜一些。""我比您更关心产品质量。"
明确问题	重复事实	平铺直叙式。例如，"我理解一下，您的意思是……，我理解得有偏差吗？""您的核心困惑是……，您看我这样理解正确吗"
		专业逻辑式。例如，"您说话的逻辑性太强了，您主要说了三点，是××、××和××，是这样吗？""您的顾虑是××、××和××这三点吗？"
	澄清疑问	刨根问底式。例如，"除了刚才的三点，您还有其他顾虑吗？"
		引导开发式。例如，"您刚刚提到这款机器太贵了，您觉得哪个价位比较合适？""除了这款机器，您还看中了哪款机器？"
解决异议	卖点重塑	有针对性地重新介绍产品及其卖点，增强客户对产品的信心
	突出危机	告知客户不及时购买带来的损失。例如，"今天是最后一天优惠，如果您今天不买，明天就要恢复原价了。"
	制造稀缺	人们对失去某种东西的恐惧比获得同一物品的渴望更能激发人们的行动力。例如，"这套赠品只有 100 份，赠完就没有了。"
	成功案例	在进行选择时，人们往往会跟随其他人的行动，突出榜样的力量。例如，"某公司三年来一直在我店购买，每次都是 10 台左右。"
	建议体验	通过深入体验增加客户对产品的兴趣和信任。例如，"先别急着做决定，您可以先在这里多体验一下。"
促发行动	直接请求	直接向客户提出成单请求。例如，"您今天是刷卡还是付现金？"
	间接请求	询问客户是否还有其他顾虑，进而促进成单。例如，"您还有什么需要考虑的吗？"

三级萃取识障碍

一个微不足道的事件，因其连续引发的连锁效应，有时会酿成严重的后果或导致重大事件的发生。《铁钉与国家》这一故事便阐释了这一哲理："丢掉一只铁钉，失去一个蹄铁；失去一个蹄铁，坏了一个马蹄；坏了一个马蹄，损失一匹战马；损失一匹战马，毁了一个将军；毁了一个将军，输掉一场战争；输掉一场战争，亡了一个国家。"因此，在经验萃取过程中，减少应用时可能出现的错误至关重要。

学生时代，很多会学习的孩子都会准备一个错题本，用来记录平时课程或考试中犯过的错误。在我们学习的过程中，写错字是常有的情况。例如，有人将"大亨"写成"大享"，有人将"自修课"写成"自休课"，这些错误可谓五花八门。有了错题本，我们就可以随时随地把错别字记下来，有空的时候就拿出来看看，回顾自己曾经犯过的错误。在经验萃取的过程中，找到业务专家犯过错误的地方，或者找到对于新手来说可能遇到障碍的地方，就像学生时代的错题本的功能一样，会让新手在未来应用经验时少犯错误。

如何识别经验中的障碍和挑战？经验中又有哪些容易导致错误的陷阱？这是三级萃取识障碍的关键目标。在识别障碍时，我们可以从三个方面进行萃取，如表3-6所示。

表3-6　三级萃取识障碍

识　障　碍	详细说明
易错点	在应用经验时，新手容易出错的环节有哪些
困难点	在应用经验时，新手难以掌握的部分有哪些
易忽略点	在应用经验时，新手容易忽视的关键事项有哪些

【案例3-6】如何做好当面销售时的异议处理（5/6）

经过对业务专家的进一步访谈和深入萃取，我发现他们在处理异议时，容易遇到的易错点、困难点、易忽略点主要体现在以下几个方面，如表3-7所示。

表3-7　面对挑战与应对技巧

流程步骤	面对挑战	应对技巧
认同感受	客户认为你不理解他	在与客户交流的过程中，保持眼神直接交流，根据客户的表达内容，适时配合微笑、点头和表情的变化
明确问题	提问时容易引起客户反感	提问前先做好铺垫，观察客户的反应后再适时提问；根据客户类型选择不同的提问方式
解决异议	再次介绍产品，依然不能打动客户	保持耐心，只要客户没有离开，就仍有机会；精炼产品卖点，有针对性地突出产品优势；察言观色，预判客户的下一步行动
促发行动	不好意思向客户开口	突破害羞和心理恐惧，以平常心对待每单生意

四级萃取配工具

"工欲善其事，必先利其器"出自《论语·卫灵公》。孔子告诉子贡，一个做手工或工艺的人要想把工作做好，应该先把工具准备好。工匠想要做好工作，一定要先让工具锋利。学员对经验的应用往往不够充分，如果此时能给他们配备一些应用工具，那真是再好不过了。

配套工具就像产品说明书。一般情况下，商家都会将产品和使用手册打包放在产品包装中。因为商家很清楚客户可能因不会使用产品而对购买本身感到不满。为此，商家会花费大量时间和精力来组合、测试客户指导手册，以确保其易于使用。商家为了提高客户满意度，为所售产品提供了使用手册。作为萃取者，我们是不是也应该为员工提供类似的服务呢？答案是肯定的。配套工具可以帮助学员更好地应用经验来解决工作中的实际问题。

常用的配套工具包括表单助力、卡片随身、流程指引、心法口诀。当然，在实际的经验萃取中并不仅限于这四种工具。萃取者可根据学员的实际需求，开发出更多、更有效的、促进应用落地的优秀工具。

表单助力

表单助力是以表格形式提示"要完成工作的标准"或"如何检查工作结果"的一种方法。表单助力是经验萃取配套工具中最常用的一种工具，它具有制作简单、使用方便的特性。例如，在辅导新员工时，业务专家把辅导中的要点做成了OJT（On the Job Training，在岗培训）自检表，以便在辅导中检查自己的操作是否符合OJT要求，如表3-8所示。

表3-8　OJT自检表　　　　　　　　　　　　　　单位：分

实施步骤	操作要求	标准说明	分值	评分
说明	系统全面	说明内容要全面系统，做到有条不紊	10	
	反问学员	反问学员是否听懂，避免一知半解	10	
示范	步骤完善	示范时要完整呈现各个步骤，不遗漏	10	
	速度适宜	根据学员水平确定示范速度，保证质量	10	
练习	学员练习	让学员一边说明一边练习刚才的动作内容	10	
	记录问题	记录学员练习过程中的问题，以便反馈	10	

实施步骤	操作要求	标 准 说 明	分值	评分
评估	纠正问题	对发现的问题要及时纠正，避免形成陋习	10	
	总结收获	引导学员总结前面几步的收获，顺便复习	10	
认可	肯定优点	发现学员的优点，适时地加以肯定	10	
	适度赞赏	看到学员的进步，真诚而具体地加以褒奖	10	
备注			总分：100分	

卡片随身

卡片指的是学习卡，它是一种能够随身携带、便于随时提醒和指导学员应用经验的工具。由于其便利性高和指导性强的特点，这种工具深受众多学员的喜爱。在我的《FAST高效课程开发：培训师成长实践手册》一书中，我将FAST高效课程开发模型制作成了电子学习卡。这种电子学习卡便于学员随身携带和查阅，如图3-6所示。

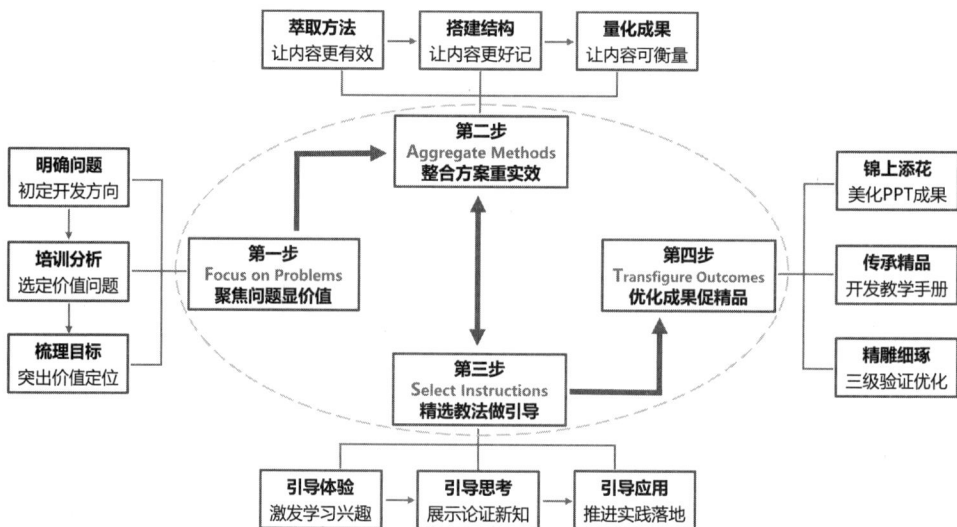

图3-6 学习卡：FAST高效课程开发模型

【案例3-7】如何做好当面销售时的异议处理（6/6）

在接下来的梳理中，我们采用"卡片随身"的方式，为业务专家的经验制作了配套工具。如图3-7所示，该工具不仅展示了业务专家经验的核心内容，还清晰地梳理了这些经验之间的内在联系。

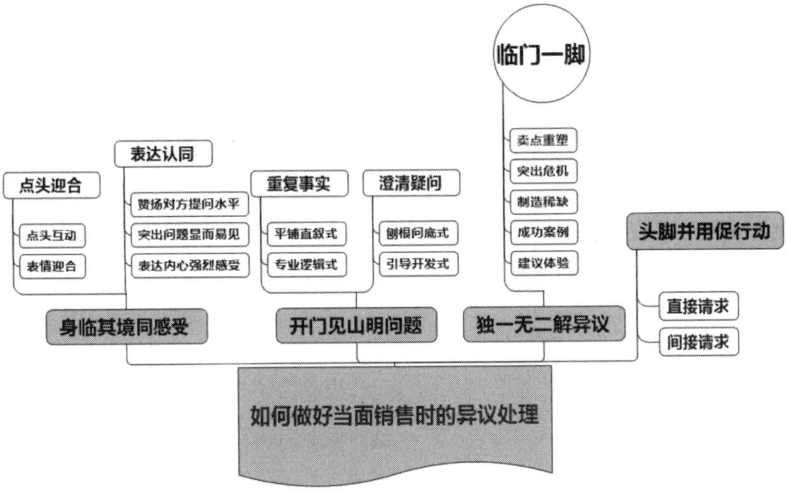

图3-7 学习卡：如何做好当面销售时的异议处理

流程指引

流程图也被称作输入—输出图，它能够直观地描述一个工作过程的具体步骤。流程图就像地图一样，帮助学员掌握全局并按照流程行事。对于复杂的操作类经验，流程图有助于学员理解经验的内容和掌握经验的应用方法。例如，银行的业务专家在处理信用卡疑似欺诈交易时，会有一套详细的判断流程。学员依照这个流程进行操作，能够更快速地识别出信用卡疑似欺诈交易，如图3-8所示。

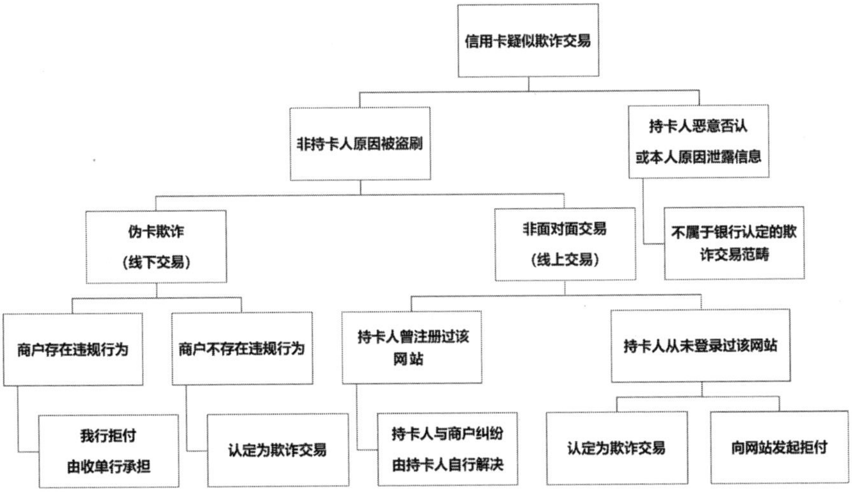

图3-8 信用卡疑似欺诈交易处理流程

心法口诀

让学员读起来朗朗上口，帮助他们理解和记忆的一段有规律的文字，我们称之为心法口诀。我们上小学时学过的乘法口诀，即使在计算器盛行的今天，想必很多人也能轻松背出。在经验萃取时，对于难以理解或不容易记忆的内容，我们可以将其凝练成心法口诀，以便学员快速理解和记忆。例如，表3-9中的蛙泳动作要点口诀，在我学习蛙泳的时候，帮助我快速掌握了蛙泳的核心技巧。

表 3-9　蛙泳动作要点口诀

动作部位	动作要点口诀
身	划水腿不动，收手再收腿，先伸手臂再蹬腿，臂腿伸直漂一会儿
臂	分手稍微比肩宽，两臂侧下向后划，向内旋肘伸前方，伸直并腿漂一会儿
腿	边收边分慢收腿，向外翻脚对准水，弧形向后蹬夹水，伸直并腿漂一会儿
肺	低头伸臂慢吐气，划臂抬头快吸气

接下来，让我们再看一个如何为经验制作配套工具的案例。

【案例3-8】如何准确理解上级布置的任务

某日，领导安排小王完成一项任务。领导说："小王，你来公司已有一年多时间，对公司也有了基本的了解和认识。我们公司已发展十年，过去的十年里，我们主要依靠产量取胜。然而，未来十年乃至更长远的发展，我们应不断提升各方面的竞争力。如何提高竞争力呢？首先，我们不仅要充分了解自身的优势与劣势，还要对竞争对手有准确的认识。因此，我希望你能对竞争对手以及我们公司的优势与劣势进行对比分析。完成这项任务后，你一定会有很大收获。如果完成得出色，我会推荐你在年中研讨会上分享这份报告。"

如果你是小王，你认为领导把任务布置清楚了吗？你有没有问题想要问领导？

在接受任务时，如何才能正确理解领导的意思呢？经过对业务专家经验的萃取，我们总结了员工在接受任务时必须厘清的九个要素，即"5W+2H+2R"。

5W

- What：要做什么事情？
- Who：这件事由谁来负责，参与者有谁？
- When：什么时间开始，什么时间结束？
- Where：需要在哪里完成？
- Why：任务的背景和价值是什么，即为什么要完成这项任务？

2H

- How much：完成这项任务的预算是多少？
- How：在完成任务的方法上，领导有哪些建议和指导？

2R

- Result：任务需要达成的目标或结果是什么？
- Resource：在完成任务的过程中，领导能够提供哪些资源支持？

在实际工作中，员工常因记录工作过于繁杂而放弃使用"5W+2H+2R"方法。为解决这一问题，业务专家将这九个要素分别放入九宫格中，并制作成学习卡，如表3-10所示。这样，员工在每次接受任务时，只需按照九宫格的提示，将内容填写到相应的格子中即可。

完成九宫格的填写，即意味着完整地接受了一项任务。如果对任何格子有疑问或不明白，可及时向领导询问并确认，以便获得更准确、更完整的信息。

表3-10 任务九宫格

Who 谁去做 联系谁	When 何时开始 何时结束	Where 在哪里完成
Why 任务背景和价值	What 要完成的任务 要解决的问题	Result 期望达成的结果
How 建议的方法	Resource 可支持的资源	How much 任务预算

在本案例中，首先，小王遗漏了任务的完成时间以及任务报告的呈现形式（是PPT还是Word）。其次，由于小王是首次接受这样的任务，他可以向领导询问是否有合适的方法可以借鉴以及是否有相关资源的支持。

通过对When和Result的询问，小王得知任务需要在一周内完成，并且报告需要以PPT形式呈现。通过对Resource的询问，小王得到的答案是："在制作过程中，不懂的地方可以向老张请教，他之前做过类似的任务报告。如果有需要也可以随时向我（领导）请求帮助。"获得这些重要信息后，小王能够更快地完成任务。

五级萃取做优化

我小时候最爱玩的PC端游戏是大富翁系列和三国系列，后来在手机端也玩过不少策略类游戏。在这些游戏中，玩家可以随时看到敌我双方的排兵布阵，能够根据全局来进行决策，很少会纠结于某一块土地或某一个局部的得失。我们在萃取经验时，也要具备这样的思维。萃取完成后，我们要跳出原有的主观视角，站在第三方视角来检视萃取出的经验。简而言之，就是要运用第三方视角思维，从更多元的角度审视萃取出的经验的严谨性和价值性。

一个经验在落地传播前要经过三审定稿。第一，审核经验的价值和应用场景，主要从重要性、颗粒度、典型性和高频性四个方面进行审核。第二，审核经验的逻辑和细节，主要从严谨性、完整性、逻辑性和准确性四个方面进行审核。第三，审核经验的配套工具，主要从易用性和实操性两个方面进行审核。如表3-11所示。

表3-11　经验萃取优化表　　　　　　　　　单位：分

分类	审核项目	审核标准	评分	评语
审主题	重要性	经验能够帮助员工提高效率、提升绩效或减少错误、降低成本	10	
	颗粒度	经验的应用场景具体且颗粒度适中，容易学员复制和迁移	10	
	典型性	经验在工作中的应用范围广泛	10	
	高频性	经验在工作中的应用频率较高	10	

续表

分类	审核项目	审核标准	评分	评语
审经验	严谨性	经验的输入条件和输出结果的描述准确、严谨	10	
	完整性	经验的"头""身""足""包"完整无缺失	10	
	逻辑性	经验的框架和细节逻辑正确，并通过图形展示	10	
	准确性	经验内容正确无歧义，描述准确且易于理解	10	
审落地	易用性	有能够助力经验应用的表格、流程、学习卡和口诀等	10	
	实操性	萃取出的经验具有实操性，并可以满足输出结果的要求	10	

➙ 足：经验萃取的三种方式

针对萃取的五个层级，我们可以运用三种方式实施萃取，它们分别是自我复盘式萃取、业务专家访谈式萃取和综合观察式萃取。这三种方式可以单独使用，也可以组合使用。

自我复盘式萃取

自我复盘式萃取是指萃取者通过回顾自己的经历，按萃取流程并运用工具完成萃取的过程。自我复盘式萃取有两种方法，分别是情景重现法和关键要点法。

情景重现法

情景重现法是通过电影回放的方式，将做过的事情在大脑中重新演练一遍。在经验萃取复盘中，情景重现法是一种极为有效的手段。它通过还原事件发生时的实际情景，帮助萃取者深入理解事件过程，挖掘其中的关键因素与经验教训。情景重现法的核心在于尽可能真实地再现事件全貌。

这种方法的优势显著。第一，它能唤起参与者的记忆，让大家更准确地回忆起事件细节，避免因时间推移导致信息遗漏。第二，直观的情景呈现，使团队成员能站在不同角度重新审视整个过程，发现以往被忽视的问题或机会。

情景重现法让经验萃取复盘不再停留在表面，而是深入事件本质，挖掘真正有价值的经验，助力团队不断成长与提升。一般来讲，情景重现不仅包含事件的背景和经过，还包括三种场，即信息场、思维场和情绪场。信息场告诉我们当时现场的外在环境是怎样的，如当时的天气情况、参与人员、周边设施及环境布置等。思维场告诉我们大家是如何思考的，此类场景下的潜在共识是什么。情绪场告诉我们当时现场的人处于什么样的关系之中，为什么会这样；当事人是否有碰撞，他们当时的情绪及心理特征是怎样的。

情景重现时，除了要重现当时的行为，还要重现当时的信息场、思维场和情绪场。只有重现了这三种场，一个情景才可以说是相对完整地重现了。

关键要点法

当我们无法做到完整还原情景时，可以选择使用关键要点法。在经验萃取复盘中，关键要点法发挥着极为重要的作用。当我们无法完整还原事件情景时，关键要点法便成为有力的替代工具。它聚焦核心内容，能从复杂的业务场景中精准提炼关键信息，助力团队总结经验、汲取教训。

关键要点法，本质上是在情景重现过程中，锁定事件的关键点，并围绕这些关键点展开重现、思考与推演的复盘方法。在实际操作时，首先要对业务流程进行全面梳理。可以将事件依照时间顺序或者事件内容进行复盘，从项目启动的初始阶段，历经执行进程中的各个环节，直至最终成果交付，全过程都需细致回顾。在此期间，着重识别那些对业务成果影响重大的关键环节，如项目初期明确的核心目标、执行过程中的关键决策节点等，这些关键环节，也即我们常说的里程碑或里程碑时刻，它们直接关联业务成效，是关键要点的重点挖掘方向。

关键要点法的优势显著。一方面，它助力团队迅速抓住重点，在繁杂的业务流程与多样的反馈信息中不会迷失方向；另一方面，关键要点为后续工作提供清晰指引。关键要点法为经验萃取复盘提供有力支撑，推动团队持续进步。即便在情景难以完整重现的情况下，也能高效达成复盘目标，挖掘出极具价值的经验。

接下来，我们来看一个关于学员在课堂上通过自我复盘萃取经验的案例。

📜 【案例3-9】如何在卖场与客户拉近距离

小航是卖场的销售主管，拥有非常丰富的销售经验和客户应对经验。在课堂上，当被要求复盘与客户拉近距离的方式和技巧时，他写出了以下几条关键性的建议：

（1）一直保持微笑和目光的接触。

（2）让客户把话说完，不打断也不猜测客户尚未说完的话。

（3）向客户提问时，尽量选择他们感兴趣的话题。

（4）如果客户表现出不耐烦或不想被打扰，要尊重他们的意愿。

（5）如果客户在某个产品前逗留时间较长，要用轻柔的语调再次询问是否需要帮助。

（6）展现个人魅力，并提供个性化建议。

（7）始终使用正面的语言。

（8）当客户未购买产品准备离开时，递上产品宣传册并欢迎他们再次光临。

以上内容是学员通过回忆自己的经历所输出的关键要点。接下来，我们将按照经验萃取的"头""身""足""包"四个方面对上述经验进行整理，输出结果如表3-12所示。

表3-12　如何在卖场与客户拉近距离

头：思维层面	时刻保持微笑、适当目光接触、使用正面语言、展现个人魅力	
身：方法层面	主动出击	防守反击
足：行为层面	当客户在产品前久留时，轻柔地再次询问其是否需要帮助；当客户未购买产品并准备离开时，送其产品宣传册，欢迎其再次惠顾	当客户提问题时，回答并提供建议；当客户说话时，不打断，不猜测；当客户免打扰时，尊重客户的意愿
包：应用层面	随身话术卡	

业务专家访谈式萃取

业务专家访谈式萃取是一种通过口头沟通的形式，根据业务专家的答复收集客观的事实材料，以准确地阐述工作过程及细节的萃取方式。一次完整的业务专家访谈式萃取要经过三个阶段，即准备阶段、实施阶段和总结阶段。

准备阶段

建立访谈关系是访谈过程中的重要一环，访谈成功与否在很大程度上取决于萃取者与业务专家之间的关系。访谈前，要向业务专家告知自己的萃取主题，尽量做到坦率、真诚，并尽自己所能回答对方提出的问题，以消除他们的疑虑。如果在萃取过程中需要录音，应先征得业务专家的同意。访谈中应遵循口语化、生活化、通俗化和地方化的原则，使用业务专家能够理解的语言进行交流。至于访谈的时间，应尽量选择业务专家方便的时间进行。

实施阶段

实施阶段的主要流程包括开场问候、访谈实施和告别感谢。

开场问候

介绍此次访谈的目的和时间安排，对业务专家的参与表示感谢。示例如下：

"您好，非常感谢您能抽出宝贵的时间接受我的访谈。此次访谈的目的是……这次访谈预计需要90分钟。"

在访谈过程中，要根据实际情况灵活调整策略，以确保能够从业务专家那里获得所需的信息。例如，当遇到侃侃而谈的业务专家时，要适时打断对方，将谈话引回主题，避免偏离重点；当遇到不善言辞的业务专家时，要循循善诱，注重启发，避免冷场，帮助对方更好地表达自己的观点；当遇到怕说错话、推脱不讲的业务专家时，要明确声明萃取的目的和价值，解决其后顾之忧，鼓励对方坦诚分享经验。

访谈实施

在进行访谈时，要通过五类问题，从多个维度对业务专家的经验进行萃取。这五类问题包括事实性问题、探索性问题、要因性问题、假设性问题和确认性问题。

第1类：事实性问题

在萃取时，首先应提出一些简单问题，事实性问题就属于这类问题。在提出事实性问题的过程中，我们会询问业务专家的成功经历或成功事件。这个过程往往是以业务专家讲故事的形式来完成的，一般来讲，业务专家的压力和抗拒不会很大。例如：

- 针对×××任务或问题，您有哪些成功的经历？
- 最近一次相关的成功经历是什么？发生在什么时候？当时的具体情况如何？
- 该事件发生的背景是什么？（什么时间、什么地方、哪些人参与？）
- 您在此次事件中主要扮演什么角色？您需要完成的主要工作有哪些？

第2类：探索性问题

这类问题可以帮助萃取者获得额外的、深层次的经验。在业务专家回答问题的过程中，当其回答不清楚或需要深挖时，就需要提出探索性问题。例如：

- 关于××问题，您能再具体说一下吗？
- 在事件当中，您采取了哪些行动？
- 您解决这个问题或完成这个任务的具体步骤是什么呢？
- 针对以上的问题，您能再举个例子吗？

第3类：要因性问题

通过提问的方式，萃取做事方法背后的动机和技巧是获得深层次经验的关键。通过提出要因性问题，可以找出最有可能导致问题产生的根源。要因性问题的结构非常简单，但威力却不容小觑。例如：

- 您是出于什么考虑才这样做的？
- 您认为是什么原因造成了现在这样的结果？
- 您做出这样的选择的原因是什么？
- 还有哪些更深层次的原因？

5Why分析法也是萃取经验的一种好方法。通过持续追问，我们可以得知业务专家在哪些方面表述不清、在哪些方面还没有说透，还可以更深入地挖掘出方法背后的关键行为。

5Why分析法，又称剥洋葱法，是对一个问题点连续问五个"为什么"，以追究其根本原因的方法。虽然称为"五个为什么"，但在实际使用时并不限定只进行五次"为什么"的探讨。5Why分析法的关键在于，鼓励解决问题的人努力避开主观或自负的假设和逻辑陷阱，从结果出发，沿着因果关系链条，顺藤摸瓜，直至找出问题的根本原因。

丰田汽车公司前副社长大野耐一曾通过5Why分析法找出停机的真正原因：

问题一：为什么机器停了？

答案一：因为机器超载，保险丝烧断了。

问题二：为什么机器会超载？

答案二：因为轴承的润滑不足。

问题三：为什么轴承会润滑不足？

答案三：因为润滑泵失灵了。

问题四：为什么润滑泵会失灵？

答案四：因为它的轮轴耗损了。

问题五：为什么润滑泵的轮轴会耗损？

答案五：因为杂质跑到了里面。

经过连续五次追问"为什么"，大野耐一才找到了问题的根本原因，并提出了相应的解决方法：在润滑泵上加装滤网。

试想一下，如果大野耐一只问了一个"为什么"，员工可能只会更换保险丝；当问到第二个"为什么"时，员工可能会补充润滑剂；当问到第三个"为什么"时，员工可能会更换其他品牌的润滑剂；当问到第四个"为什么"时，员工可能会更换轮轴；直到问到第五个"为什么"时，才真正找到问题的根本原因。如果员工没有这种追根究底的精神，他们很可能只是换根保险丝草草了事，问题并没有得到真正解决。

5Why分析法的每一次追问，既是在探寻问题背后的问题，也是在探寻经验背后的经验，以便让经验更有深度。

第4类：假设性问题

这种问题是站在新手的角度提出的，从业务专家的角度给出解决方法和关键技巧。例如：

- 假如现在面临×××情况，您会如何做，会先做什么，再做什么？
- 假如回到最初刚做这件事的时候，您认为哪些环节最容易出现错误？

第5类：确认性问题

在访谈过程中，萃取者通过确认性问题不断地总结和提炼内容，确保自己理解的与业务专家的想法保持一致；通过确认性问题来理解萃取出的经验，整理出业务专家的初步思路。例如：

- 我来复述一下刚刚记录的内容，您看看还有哪些被遗漏了。
- 您看一下我的总结，还有什么需要修正的吗？
- 对于刚刚您讲的这些技巧，我是否可以这样理解……

在访谈过程中，要尽量使用开放式问题来获得更多、更深入的经验。当业务专家的表述不明确时，建议使用封闭式问题向其再次确认。

在访谈业务专家时，需要注意以下几点：

第一，多用疑问句，少用或不用反问句。疑问句具有请教的属性，将萃取者的姿态摆得比较低，是一种学习和探讨的姿态，表明萃取者自己有不明白的地方，希望能够获得业务专家的答疑解惑。它暗含着对业务专家的尊重和感谢，尊重他知识渊博，感谢他不吝赐教。疑问句是开放的、有指向性的，但不那么确定，带有商量的口吻。例如："这好像对新员工很有挑战，您觉得呢？"这样的提问方式将如何回答的主动权交给了业务专家。反问句具有挑战的属性，将萃取者摆在与业务专家平等的位置，甚至摆在比业务专家更高的位置，表明萃取者对自己的问题有了很好的答案，并且也知道业务专家可能提供的答案。例如："您认为这对新员工没有挑战吗？"这样的提问方式会给人一种不舒服的感觉。

第二，做出积极的非言语和言语反应。在访谈过程中，不仅要主动提问、认真倾听，还要适当地做出回应。例如，通过"微笑""点头""鼓励的目光"等非言语反应，以及"嗯""对""是的"等言语反应，来表达对业务专家的尊重和关注。

告别感谢

在访谈结束时，要对业务专家的配合表示感谢，并说明如有不明白的地方可能还会打扰他，希望业务专家能够继续配合。例如：

"感谢您的配合，耽误了您不少的时间，今天的访谈给我带来的收获很大。我会尽快整理一份访谈报告并发给您，如有什么错误或不周全的地方，还请您多多指教。"

总结阶段

在访谈结束后，我们还需要对访谈内容进行总结。具体步骤如下：

（1）对所获知的内容进行反思，这有助于加强记忆。

（2）通过邮件或书面形式与业务专家进行沟通，确保我们所理解的内容的正确性。如有疏忽或遗漏的地方，可以请业务专家为我们及时修正和补充。

（3）向业务专家表达感谢并与其建立良好的沟通关系，为后续工作的开展打下良好基础。

在实际访谈中，萃取者并非完全按照提纲中的问题顺序依次进行，可以根据现场问答情况自行调整问题顺序。需要注意的是，不论如何调整顺序，只有提纲中的问题都有了对应的答案后，访谈工作才算完成。我们可以根据业务专家的回答，随时提出探索性问题，以便找到问题的答案，并通过确认性问题时刻保证自己的理解与业务专家的想法保持一致。

在企业采用业务专家访谈式萃取时，有三个关注点需要特别注意：

第一，多位专家可共同参与，建议人数为三至五人。在进行知识萃取的过程中，过多的参与者往往会导致讨论变得复杂且难以控制，从而影响整个萃取过程的效率。经验萃取不同于那些需要精密分工和大量人力的工程（如飞机制造），它更注重深度和质量，而非数量。当人数过多时，不仅可能引发业务专家间的无谓争论，还可能造成旁观者效应，使得部分专家变得消极，不愿意积极参与到萃取过程中。这无疑会增加萃取者的工作难度，因为他们需要花费更多的时间和精力去协调和管理，而不是专注于萃取本身。

第二，借助外部顾问进行萃取，采用"业务专家+小助理"的模式。在企业邀请外部顾问进行内部经验萃取时，建议采用"业务专家+小助理"的组合方式。外部顾问凭借其丰富的经验和专业知识，能够有效地引导整个萃取过程，确保方向的正确性和效率。业务专家作为经验的提供者，是整个萃取过程的核心。而小助理负责详细记录萃取过程中的关键信息，并在必要时提供补充，以确保信息的完整性和准确性。如果小助理具备一定的萃取经验，他们将能更快地融入工作；即便没有经验，通过现场学习和实践，他们也能迅速掌握所需技能，成为萃取过程中的得力助手。

第三，一对一萃取效果更佳，先分别萃取再汇总讨论效果更佳。当萃取者需要从多位业务专家处提取经验时，应如何操作？有的萃取者可能会选择召集所有业务专家同步进行萃取，认为这样可以节省时间，提高效率。然而，这种方法通常效果不佳，因为它更类似于讨论共创，而非经验萃取。在集体讨论中，个体的声音容易被忽视，且难以深入挖掘每位专家的独特见解。因此，建议采用一对一的深度萃取方式，这样萃取者可以更加专注于每位专家，深入挖掘其个人经验和知识。最后，将通过一对一萃取得到的信息汇总，并邀请业务专家进行验证和讨论，这样不仅能够确保信息的准确性，还能促进团队内部的交流和知识共享。

综合观察式萃取

综合观察式萃取包括直接观察法和间接观察法两种类型。直接观察法的基本原理是，观察者参与到被观察者的工作中，并与他们共同完成某一项任务，在完成任务的过程中，通过观察他们的行为过程及操作细节获得资料，然后对资料进行分析，得出结论。间接观察法是站在旁观者的角度，从第三方的视角观察被观察者完成某一项任务的全过程，分析他们的主要行为特征和操作细节，最终形成萃取成果。

综合观察式萃取有以下几个优点：

（1）直接性。在同一种工作环境下，观察者和被观察者可以直接接触，没有其他中间环节，观察者可获取第一手的信息资料，且信息资料真实可靠。

（2）情景性。观察一般是在自然状态下实施的，这样有利于减少由于语言或表述中的误差而造成的干扰，从而可以使观察者所获得的资料更具客观性。

（3）及时性。观察者能够观察到正在发生的现象和过程，因此可以及时获取新鲜资料。

（4）系统性。观察者可以进行较长时间的反复观察和跟踪观察，从而掌握被观察者的行为动态。

综合观察式萃取也有很大的局限性：

（1）观察者只能反映客观事实的发生过程，而不能说明其行为和看法产生的原因和动机。

（2）虽然观察者本来不想影响被观察者的正常活动，但通常情况下，这样的参与往往会在某种程度上影响被观察者的正常活动。加之个人的观察难免带有主观性和片面性，从而使观察结果的准确性下降。

综合观察式萃取适用于显性化程度比较高的动作技能的萃取，而且更适用于那些以体力劳动为主的工作，如银行柜员、操作工人的工作等，但不适用于以脑力劳动为主的工作和需要处理紧急情况的间歇性工作，如管理人员、销售人员的工作等。

综合观察式萃取有三大核心要素：一看行为，看他们做了什么；二听要点，听他们说了什么；三做验证，检验自己的观察是否正确或有哪些遗漏的内容。

表3-13明确了各维度的具体内容、观察要点和记录方式，能为萃取者在萃取经验时提供清晰指引，确保不遗漏任何关键信息。

表 3-13　综合观察式萃取表

观察维度	具体内容	观察要点	记录方式
工作流程	工作开展的先后顺序及步骤衔接	各步骤执行的准确性、流畅性，有无遗漏或重复环节	以文字描述流程，标记关键节点及问题
操作行为	实际操作动作、技巧	动作的规范性、熟练程度，特殊技巧的运用时机和方式	拍摄照片或视频辅助记录，配以文字说明
沟通互动	与同事、客户等的交流	沟通频率、沟通方式是否恰当，信息传递的准确性和有效性	记录沟通场景、对话内容及效果
决策过程	面对问题或选择时的决策	决策依据、思考时间长短，决策的及时性和正确性	记录决策情景、所考虑因素及最终决策
环境利用	对工作环境资源的运用	办公设备、场地空间等资源的利用是否合理高效	标记资源利用情况及可改进之处
时间管理	各项工作环节的时间分配	关键任务时间把控，有无时间浪费现象	绘制时间轴记录各环节耗时
问题解决	遇到问题时的应对	问题识别的敏锐性，解决方法的创新性和有效性	记录问题描述、解决思路及最终结果
情绪态度	工作中的情绪状态和态度	是否积极主动，面对压力和挫折的反应	以文字描述情绪表现及态度倾向

➥ 包：经验萃取的两大核心工具

在经验萃取过程中，萃取者可以运用两大核心工具，从而高效且高质量地完成萃取工作。这两大核心工具分别是自我复盘式萃取表和业务专家访谈式萃取表。

自我复盘式萃取表

自我复盘式萃取表如表3-14所示。

表 3-14　自我复盘式萃取表

萃 取 主 题				
切框架	挖细节	识障碍		配工具
流程步骤 核心要素	关键环节 关键动作 关键要点	易错点 困难点 易忽略点	方法 建议 技巧	表单助力 卡片随身 流程指引 心法口诀

业务专家访谈式萃取表

业务专家访谈式萃取表如表3-15所示。

表3-15　业务专家访谈式萃取表

访谈结构	问题示例
复盘事件	针对×××任务或问题，您有哪些成功的经历？ 最近一次相关的成功经历是什么？发生在什么时候？当时的具体情况如何？ 该事件发生的背景是什么（请说明具体的时间、地点以及参与的人员）？ 您在此次事件中主要扮演什么角色（请清晰描述您在事件中的职责和定位）？ 您需要完成的主要工作有哪些（请详细列举您需要完成的任务内容）？
建构框架	您最初的解决问题的想法是什么，这些想法怎样形成的（请阐述您最初的想法以及其形成的过程）？ 在事件当中，您采取了哪些行动（请详细描述您在事件中所采取的具体措施）？
建构框架	您解决这个问题或完成这个任务的具体步骤是怎样的？ 第一步是什么？具体如何做的？第二步是什么？第三步是什么…… 如果按重要程度或难度给这几个步骤打分，您会分别打几分？ 如果是流程步骤，是如何判断进入下一个步骤？
挖掘细节	在完成第一步的时候，您做了哪些细节方面的动作？ 能举一个具体的例子吗？ 您是出于什么考虑才这样做的？ 接下来的第二步呢？第三步呢…… 您认为以上步骤中的关键环节或关键行为有哪些？ 您做出这样的选择的理由是什么？
识别障碍	以上每个步骤或要素中，可能发生的最坏结果是什么？ 如何避免这些最坏结果的发生？ 在完成每一个步骤或要素时，新手和专家相比，最大的差距在哪里？ 如何做才能弥补这个差距？ 一个缺少经验的新手，在每个步骤或要素中，会碰到的最大挑战和陷阱是什么？ 针对这些挑战和陷阱，您会给出什么指导和建议？
提炼工具	对于新人来讲，熟练应用以上方法和技巧是比较困难的，那么您会配置一些什么样的表单、话术、工具卡或心法口诀来助力其应用呢？ 新人在使用这些工具的过程中，会遇到哪些障碍、面临哪些挑战呢？ 针对他们遇到的障碍和面临的挑战，您会给他们什么指导和建议呢？
复述确认	我来复述一下刚刚记录的内容，您看看还有哪些被遗漏了？ 对于刚刚您讲的这些技巧，我是否可以这样理解…… 您看一下我的总结，还有什么需要修正的吗？ 如果这个经验用模型来表示的话，您觉得是不是这个样子？ 关于配套的工具，您看我可以这样整理和输出吗？

➥ AI+ 自我复盘式萃取

首先，我们让DeepSeek扮演业务专家的角色，与萃取者携手完成自我复盘式的知识萃取。在此过程中，AI将依据提示词提供相应的参考经验。萃取者可以根据AI提供的输出结果进行补充或优化，以确保其更符合企业实际需求。

AI提示词：萃取方法层面经验

定身份：请你扮演一名拥有10年以上经验的资深银行对公业务专家，熟悉各种潜在风险的识别。

定任务：我要针对"如何通过财报异常指标识别贷后风险信号"这一萃取主题进行深入萃取。针对大多数专家的普遍做法，总结归纳出方法层面的经验。

定要求：在方法层面，成果应体现专家经验的内在逻辑。这种逻辑可能表现为一系列流程步骤，如第一步、第二步、第三步；或者是一系列核心要素，如第一方面、第二方面、第三方面；抑或是这两者的结合。选择一种最有效的逻辑结构，以输出方法层面的经验。

限制条件：在本环节，请专注于分享方法层面的经验，避免深入探讨方法论之下的具体细节。

DeepSeek输出结果实录如图3-9所示。

图3-9 方法层面输出结果

在确立了"如何通过财报异常指标识别贷后风险信号"的经验框架之后，我们需要将逻辑结构进一步细化至操作层面，以确保通过具体的行为指引，使经验能够得以实际应用。

AI 提示词：萃取行为层面经验

定身份：请你扮演一名拥有10年以上经验的资深银行对公业务专家，熟悉各种潜在风险的识别。

定任务：我要针对"如何通过财报异常指标识别贷后风险信号"这一萃取主题进行深入萃取。针对方法层面的每一个框架，深入挖掘其中的关键环节、关键要点和关键动作。

定要求：

1. 要突出关键环节和关键要点，即对于完成任务或解决问题的关键点。

2.要尽可能多地罗列，每个框架不少于3个细节。

3.细节的描述要详细，复杂内容要有举例说明。

限制条件：所提供的经验细节要参照外部专家的最佳实践案例，确保其具备可操作性，并且能够为新员工所模仿。

DeepSeek输出结果实录如图3-10所示。

方法论细节深化：财报异常指标识别贷后风险的"四阶递进法"实操指南

1. 基础指标阈值筛查

关键行为1：建立行业定制化阈值库

- 动作：

  1. 按行业分类设定差异化阈值：
     - **制造业**：存货周转天数>行业均值1.5倍触发预警
     - **贸易企业**：应收账款周转率<4次/年（行业红线）
     - **科技企业**：研发费用资本化率>50%且无专利产出→高风险标记
  2. **案例**：某化工企业存货周转天数从90天增至180天（行业均值120天），系统自动标红提示产能过剩风险

关键行为2：自动化异常标记

- 动作：

  1. 部署财报解析工具自动抓取数据：
     - **工具示例**：用OCR识别PDF财报→自动填充Excel模板→对比历史数据计算波动率
  2. 设置AI预警规则：

     python　　⎙ 复制　⬇ 下载
     ```python
     if (应收账款增速 / 营收增速) > 1.5:
         risk_level = "黄灯"
     elif (净现比 < 0.7) & (毛利率波动 > 15%):
         risk_level = "红灯"
     ```

  3. **案例**：系统发现某客户"应收账款增速200% vs 营收增速30%"，自动推送尽调任务

关键行为3：初筛结果可视化呈现

- 动作：

  1. 生成《异常指标热力图》：
     - **横轴**：偿债/盈利/运营维度
     - **纵轴**：异常程度（红→黄→绿）
  2. **示例**：某企业热力图中"净现比（红）、存货周转（黄）"，优先排查虚增利润风险

图3-10　行为层面输出结果

2. 勾稽关系矛盾验证

关键行为1：三表逻辑校验

- **动作**：

  1. **现金流量表验证法**：

     - ○ **公式**：净利润 + 非付费费用 ≈ 经营现金流净额

     - ○ **案例**：某企业净利润5000万元，但经营现金流-2000万元→排查应收账款激增或费用资本化

  2. **资产-负债配比法**：

     - ○ **规则**：固定资产增加额≈购建固定资产现金支出+长期借款增量

     - ○ **案例**：固定资产增2亿元，但购建支出仅3000万元→疑似虚增资产或民间借贷

  3. **税费倒推法**：

     - ○ **公式**：增值税≈（营业收入-免税收入）×税率

     - ○ **案例**：某企业营收10亿元（税率13%），但增值税仅8000万元→差额2600万元需解释

关键行为2：构建矛盾指标组合包

- **动作**：

  1. **虚增收入组合**：

     - ○ **条件**：营收增速>30% + 销售费下降 + 应收账款周转率下降

     - ○ **案例**：某企业营收增50%，销售费用降10%，应收账款周转率从6次→2次→确认虚假贸易

  2. **资金挪用组合**：

     - ○ **条件**：货币资金≈总资产30% + 短期借款利率>6% + 利息收入/货币资金<1%

     - ○ **案例**：某企业账面现金5亿元却以8%利率借款→发现3亿元资金被关联方占用

关键行为3：行业特征矛盾分析

- **动作**：

  1. **制造业重点矛盾点**：

     - ○ 固定资产周转率下降但产能利用率上升→可能虚增产量

  2. **房地产企业重点矛盾点**：

     - ○ 预收账款下降但开发成本激增→可能资金链断裂

图3-10 行为层面输出结果（续）

3. 多维数据交叉穿透

关键行为1：工商司法数据穿透

- **动作：**

  1. **股权质押率核查：**

     - **工具：** 通过企查查API获取实时质押数据

     - **案例：** 财报显示货币资金8亿元，但股权质押率95%→实际可用资金不足5000万元

  2. **司法风险关联：**

     - **规则：** 客户/实控人有被执行记录且金额>净资产10%→升级风险等级

     - **案例：** 某客户实控人被强制执行1.2亿元（净资产2亿元）→冻结授信额度

关键行为2：供应链数据反推

- **动作：**

  1. **应付账款账期分析：**

     - **公式：** 平均应付账期=365/(主营业务成本/应付账款)

     - **案例：** 某企业账期从45天延长至120天→供应商停止赊销，现金流恶化

  2. **上下游集中度核查：**

     - **规则：** 前五大客户占比>80%且更换频繁→经营稳定性风险

     - **案例：** 某企业前两大客户流失→营收暴跌60%

关键行为3：行业数据对标

- **动作：**

  1. **毛利率-市占率降价分析：**

     - **规则：** 市占率<5%但毛利率>行业TOP3→排查技术壁垒真实性

     - **案例：** 某新材料企业毛利率35%（行业龙头28%），但市占率仅1%→发现关联交易占比80%

  2. **研发投入效能比：**

     - **公式：** 专利数量/研发费用（行业均值：1件专利/500万元）

     - **案例：** 某企业三年研发投入1亿元但仅产出1项实用新型专利→费用挪用嫌疑

图3-10　行为层面输出结果（续）

4. 动态分级响应处置

关键行为1：三级响应标准化动作

• 动作：

  1. 红色级响应（48h）：

    ◦ 冻结非必要付款：停止贷款支用、保函开立

    ◦ 启动资产保全：查封抵押物、申请财产保全

    ◦ **案例**：某纺织企业存货周转天数超300天→查封价值8000万元厂房

  2. 黄色级响应（7日）：

    ◦ 追加担保：要求补充房产抵押或实际控制人连带担保

    ◦ 强化监控：安装账户资金变动短信提醒

  3. 蓝色级响应（月度）：

    ◦ 定期报表：要求提供周回款计划表

    ◦ 驻场调查：派员现场核查生产/库存情况

关键行为2：AI驱动的处置决策

• 动作：

  1. 构建风险处置知识图谱：

    节点：风险类型→处置措施→法律依据→历史案例

    关系：虚增收入→结算费用→追溯责任人→《贷款通则》32条→参考XX科技案例

  2. **案例**：系统识别某客户"存货异常+现金流负"，自动推送《动产质押操作指引》和法务联系人

关键行为3：风险处置效果追踪

• 动作：

  1. 设置30天/90天观察期：

    ◦ 观察期内指标恢复：下调风险等级

    ◦ 持续恶化：启动司法诉讼

  2. **案例**：某贸易企业抵押存货后周转天数从200天→120天→解除账户冻结

图3-10 行为层面输出结果（续）

在深入挖掘行为层面的关键环节与关键要点之后，接下来，如何在实践中应对挑战便显得尤为关键。进一步深入萃取新手常犯的错误以及专家的应对策略，将有助于提升新手在实际操作中的可复制性。

AI 提示词：萃取面对挑战与应对技巧

定身份：请你扮演一名拥有10年以上经验的资深银行对公业务专家，熟悉各种潜在风险的识别。

定任务：我要针对"如何通过财报异常指标识别贷后风险信号"这一萃取主题中的经验进行深入挖掘。请针对方法层面和细节层面的经验，识别出常见的挑战以及给出应对技巧。

定要求：

1. 在以上每个步骤或要素中，可能发生的最坏结果是什么？该如何避免这样的最坏结果发生？请给出具体方法和示例。

2. 在完成每一个步骤或要素时，新手和专家相比，最大的差距在哪里？该如何做才能弥补这个差距？请给出具体方法和示例。

3. 一个缺少经验的新手，在每个步骤或要素中，会碰到的最大挑战和陷阱是什么？针对这些挑战和陷阱，会给出什么指导和建议？

限制条件：这些挑战可能是专家曾经遇到的挑战，也可能是专家认为新手会遇到的挑战。

DeepSeek输出结果实录如图3-11所示。

⊗ 已深度思考（用时 13 秒）∨

新员工挑战与应对技巧全解（基于四阶递进法）

阶段一：基础指标阈值筛查

▌**最坏结果**

- **风险遗漏：** 未发现存货周转率异常导致客户突然破产（如某纺织企业周转天数从150天→500天未被预警）
  - **应对方法：**
    1. 建立双人复核机制：新员工初筛结果需经导师签字确认
    2. 设置强制关注清单：对"存货周转率>行业均值2倍"客户自动锁定无法跳过

▌**新手vs专家差距**

- **差距表现：** 对行业阈值敏感性不足（如误用制造业标准评估科技企业）
- **弥补方法：**
  1. 背诵《行业阈值速查表》：每日记忆3个行业关键指标基准值
  2. 实战演练：用历史案例（如2018年光伏行业暴雷前兆）反向推导阈值设定逻辑

▌**典型陷阱与对策**

- **陷阱：** 过度依赖系统自动化标记，忽略特殊会计处理（如某企业将存货计入"其他应收款"规避检测）
- **应对建议：**
  1. 增加手工校验环节：对总资产前5大科目实施人工科目重分类检查
  2. 学习《财务舞弊科目迁移套路库》：掌握20种常见科目腾挪手法

阶段二：勾稽关系矛盾验证

▌**最坏结果**

- **误判风险：** 将正常业务调整视为造假（如某企业因战略储备合理增加存货被错误冻结额度）
- **应对方法：**
  1. 建立"三问核实法"：
     - 问业务：与客户采购/生产部门确认存货用途
     - 问同业：比对3家同行业企业库存策略
     - 问数据：查验仓储物流单据匹配度

▌**新手vs专家差距**

- **差距表现：** 缺乏矛盾指标组合构建能力（如孤立看待应收账款增长）
- **弥补方法：**
  1. 掌握《20大危险指标组合》：每日分析1组经典矛盾案例
  2. 使用"指标连连看"工具：系统提示"当A指标异常时需联动检查B/C指标"

图3-11　面对挑战与应对技巧输出结果

典型陷阱与对策

- **陷阱**：被表面合理的勾稽关系迷惑（如某企业通过关联方虚构"销售商品收到现金"）
- **应对建议**：
  1. 实施资金流水穿透：要求提供银行回单验证现金来源
  2. 学习《隐形关联方识别七法》：包括注册地聚类、联系电话比对等技巧

阶段三：多维数据交叉穿透

最坏结果

- **信息孤岛**：未发现客户实控人涉诉导致集体违约（如某集团实控人涉刑案引发连锁反应）
- **应对方法**：
  1. 建立外部数据强制接入规则：
     - 工商信息：每周自动更新股权质押/行政处罚
     - 司法数据：设置"被执行人"关键词即时警报

新手vs专家差距

- **差距表现**：非财务数据运用机械化（如仅查看股权质押率，忽视质押资金用途）
- **弥补方法**：
  1. 开发《非财务数据解读指南》：
     - 示例：股权质押资金用于主业扩张（绿灯）vs 用于偿还高利贷（红灯）
  2. 参加供应链实地考察：直观理解"应付账款账期延长"的实际场景

典型陷阱与对策

- **陷阱**：轻信第三方数据平台结论（如某征信报告遗漏境外关联交易）
- **应对建议**：
  1. 执行"三方验证"原则：工商数据+银行流水+现场尽调相互印证
  2. 建立《数据源可靠性评级表》：区分法院文书（可信度A级）和网络舆情（可信度C级）

阶段四：动态分级响应处置

最坏结果

- **处置过度**：误冻优质客户账户导致关系破裂（如某上市公司因系统误判被冻结引发股价波动）
- **应对方法**：
  1. 设置"熔断机制"：对AA级以上客户需分管行长双签方可冻结
  2. 开发客户影响评估模型：计算处置措施与客户贡献度的平衡点

图3-11　面对挑战与应对技巧输出结果（续）

> **▌新手vs专家差距**
>
> - **差距表现**：风险处置手段单一化（只会压缩额度不懂债务重组）
> - **弥补方法**：
>   1. 学习《风险处置工具矩阵》：掌握8大类32种处置方案
>   - 示例：对虚增收入客户可采用"应验账款确权＋保理融资"替代直接抽贷
>   2. 参与风险处置模拟沙盘：演练"破产重整"等复杂场景
>
> **▌典型陷阱与对策**
>
> - **陷阱**：忽视处置后的持续监测（如某客户抵押物价值暴跌未及时预警）
> - **应对建议**：
>   1. 建立《风险处置后监测清单》：
>   - 每日：抵押物价格盯市
>   - 每周：关键财务指标扫描
>   - 每月：现场库存盘点
>   2. 使用物联网监控设备：对大宗商品抵押物实施GPS＋温湿度实时监测

图3-11　面对挑战与应对技巧输出结果（续）

在梳理完挑战应对策略之后，经验的萃取需要回归到工具的赋能上。借助可视化表单、流程卡等工具，能够将抽象的经验转化为可保存、可传播的实战工具。

AI 提示词：萃取应用层面经验

定身份：请你扮演一名拥有10年以上经验的资深银行对公业务专家，熟悉各种潜在风险的识别。

定任务：我要针对"如何通过财报异常指标识别贷后风险信号"这一萃取主题，给予新手更多落地的指导。请针对方法层面和行为层面的细节，设计相应的配套工具。

定要求：

1. 配套工具首选表单，可以是填写的模板表单，也可以是检查表。

2. 配套工具可以是学习卡，将要点内容汇总到一张卡片上，供学员随时查询。

3. 配套工具可以是流程图，供学员更好地掌握经验的底层逻辑。

4. 配套工具可以是口诀，助力学员记忆并随口说出经验。

限制条件：所提供的工具一定是专家经常使用的，且经过验证后效果显著的。请多提供一些工具模板和工具应用示例。

DeepSeek输出结果实录如图3-12所示。

配套工具包设计

为帮助新员工快速掌握财报异常指标识别技能，设计以下四类落地工具：

工具1：贷后风险筛查三张表单

①《基础指标异常筛查表》

指标类型	检测指标	行业阈值	是否异常	处理动作
偿债能力	流动比率	制造业 < 1.2触发预警	□是 □否	启动勾稽验证
盈利质量	净现比	连续2期 < 0.8	□是 □否	排查现金流科目
运营效率	存货周转天数	超过行业均值1.5倍	□是 □否	发起现场盘点

②《勾稽关系矛盾验证清单》

矛盾类型	验证公式	示例案例
收入造假	营收增速/增值税增速 > 3	营收增50%，增值税仅增5%→高风险
资产虚增	固定资产增量 > 购建支出 + 长期借款增量	固定资产增2亿元，购建支出3000万元→异常
利润操纵	研发资本化率 > 行业均值 + 专利产出为0	资本化率70%但无专利→粉饰利润

③《多维数据交叉验证检查表》

□ **工商数据**：股权质押率是否>58%

□ **司法数据**：实控人是否被列为被执行人

□ **供应链数据**：应付账款账期是否延长超30天

□ **行业数据**：毛利率是否偏离行业均值±15%

图3-12 应用层面输出结果

工具2：风险识别学习卡（双面）

正面：核心步骤与要点

【四阶递进法速记】

一筛：三率两周转，红黄灯预警

二验：三表勾稽矛盾，拆穿财务魔术

三穿：工商+司法+供应链，数据三角验证

四动：红黄蓝三级响应，48小时拆弹

【高危组合口诀】

"应收猛增税费平，虚增收入要现形

现金充裕过高息，资金挪用藏猫腻"

反面：常见舞弊特征

▶ **虚增收入三大破绽：**

1. 应收账款增速＞营收增速2倍

2. 销售费用/营业占比异常下降

3. 前五大客户注册资金＜100万元

▶ **资产造假识别要点：**

• 固定资产累增无现金流支撑

• 在建工程长期不转固

工具3：风险处置流程图

```
图表    代码                                        复制   下载

graph TD
A[自动筛查] --> B(基础指标异常?)
B --> [是] C[勾稽关系验证]
B --> [否] D[进入常规监控]
C --> E(发现矛盾组合?)
E --> [是] F[多维数据交叉验证]
F --> [否] D
G --> G(确认实际性风险?)
H --> H[自动分级处置]
H --> I[红色:48小时冻结]
H --> J[黄色:7日整改]
H --> K[蓝色:月度跟踪]
G --> |否| D
```

图3-12 应用层面输出结果（续）

（注：实际使用时可打印为A3尺寸挂图，标注关键决策点）

工具4：风险识别七字诀

① 筛查阶段口诀

"三率两周转，红黄划界线

行业间值记，波动超标现"

② 验证阶段口诀

"收入税费要匹配，资产现金需对账

研发专利看转化，关联交易被选增"

③ 处置阶段口诀

"红黄蓝，分三级，四十八时是死期

先冻结，再谈判，抵押确权保底线"

图3-12　应用层面输出结果（续）

　　萃取的最终目的旨在促进能力和思维的提升。通过提炼简洁的思维原则，企业能够帮助学员在复杂情景中迅速提取经验的核心要素，进而形成洞察事物本质的关键能力。

AI 提示词：萃取思维层面经验

　　定身份：请你扮演一名拥有10年以上经验的资深银行对公业务专家，熟悉各种潜在风险的识别。

　　定任务：我要针对"如何通过财报异常指标识别贷后风险信号"这一萃取主题，从宏观层面的原则、标准或规范给予新手指导。请归纳总结出以上经验中思维层面的经验。请给出3~5条思维层面的经验，每条经验的字数在5~10字之间。

　　定要求：

　　1.从方法层面找到关键点，对其提出必要的要求。

　　2.从行为层面找到关键点，对其提出必要的要求。

　　限制条件：思维层面的经验应避免使用空洞和浮夸的表述，而应结合实际经验进行提炼，并提供明确的方向性指导。

DeepSeek输出结果实录如图3-13所示。

图3-13　思维层面输出结果

➥ AI+ 专家访谈式萃取

我们不仅可以安排DeepSeek担任业务专家的角色，还可以让它同时扮演经验萃取者的角色。凭借这两种角色的视角，DeepSeek能够协助设计一份专为专家访谈式经验萃取所用的萃取访谈问卷。这样一来，萃取者既能够利用这份问卷对专家进行访谈，也可以借助AI提供的提示词来辅助专家完成经验的萃取过程。

AI 提示词：设计萃取访谈问卷

定身份：请你扮演一位银行对公业务专家，熟悉各种潜在风险的识别，同时你也是一名经验丰富的萃取者。我是一名对公客户经理的新手，我要作为萃取者去访谈业务专家。

定任务：请你针对“如何通过财报异常指标识别贷后风险信号”这一萃取主题，设计一份萃取访谈问卷，访谈时长约为90分钟。

定要求：

1. 问卷设计应涵盖开放式与封闭式问题。

2. 所提出的问题需表述清晰、易于理解。

3. 若问题涉及特定内容，请提供示例话术。

4. 经专家对问卷问题的详细解答后，应能整理出一份可供直接应用的工作流程及经验细节。

5. 请将上述问题及话术整理成访谈记录表，以便在实施访谈时使用。

限制条件：请确保访谈问题设计得轻松愉快，避免使专家感到乏味或难以作答。同时，问题应能有效萃取出专家的隐性知识和经验。

DeepSeek输出结果实录如图3-14所示。

已深度思考（用时 21 秒）

以下是为您设计的访谈记录表模板，包含开放式/封闭式问题、示例话术及结构化记录空间，可直接打印使用：

对公信贷财报风险识别专家访谈记录表

访谈对象： [填写专家姓名/职位]
访谈时间： [填写时间]
记录人： [您的姓名]

一、基础认知（开放式）

问题	记录要点	示例话术
1. 您认为分析财报对贷后风险预警的核心价值是什么？	[记录专家观点]	"能否用您处理过的案例说明，财报分析如何帮助发现潜在风险？"
2. 新手应该优先关注三大报表中的哪些异常信号？	[分资产负债表/利润表/现金流量表记录]	"假设客户应收账款突增但收入未涨，这可能暗示什么风险？"

二、利润表异常信号（混合型）

问题	类型	记录要点	示例话术
3. 毛利率连续下降需要警惕哪些风险？	开放式	[记录风险类型及判断标准]	"比如某制造业客户毛利率从25%降到18%，您会如何评估？"

图3-14　萃取访谈问卷输出结果

4. 以下哪项属于高危信号？（多选） □销售费用率激增 □研发费用稳定 □营业外收入占比超30%	封闭式	[勾选结果及补充说明]	"请直接勾选您认为的关键指标"

三、资产负债表排查（封闭式+开放追问）

问题	记录要点	示例话术
5. 存货周转率下降时，您会优先核查： ① 存货结构变化 ② 关联交易数据 ③ 上下游账期	[勾选并追问原因]	"遇到存货周转天数从60天延长到90天，您第一步会查什么？"
6. 应付账款异常缩短可能反映什么问题？	[记录具体风险场景]	"某供应商账期从90天变为30天，是否说明核心合作关系恶化？"

四、现金流量表交叉验证（情景式提问）

问题	记录要点	示例话术
7. 当经营净现金流为负但利润增长时，您会重点排查哪些科目？	[列示排查流程]	"如果客户解释是扩大生产导致，您会要求提供哪些佐证材料？"
8. 投资活动现金流大额流出需关注什么？	[记录典型风险模式]	"收购行为中的商誉占比超过多少您会预警？"

五、实战技巧（开放式）

问题	记录要点	示例话术
9. 如何识别客户通过关联交易美化财报？	[记录核查方法]	"您会特别关注哪些会计科目间的勾稽关系？"
10. 发现异常指标后，您常用的客户沟通话术有哪些？	[记录话术模板]	"当质疑应收账款真实性时，您通常会如何委婉提问？"

六、流程确认（封闭式）

问题 回答(Y/N) 补充说明

11. 是否建议建立"三表异常指标联动分析矩阵"？ □是 □否 [记录专家建议]

12. 是否应将财报分析与水电费数据交叉验证？ □是 □否 [记录验证方法]

图3-14 萃取访谈问卷输出结果（续）

附：话术萃取清单

1. **质疑利润真实性：**

"王总，看到贵司上半年营收增长20%，但增值税缴纳额反而下降了5%，这个变化是由于产品结构优化导致的吗？"

2. **核实现金流异常：**

"李会计，我们注意到贵司Q2经营性现金流减少了800万元，但同期应收账款增加了1200万元，能具体说明回款周期延长的原因吗？"

工作流程图

财报初审 - 三表异常标记 - 科目交叉验证 - 行业对比分析 - 非财务数据印证 - 风险评级 - 预警方案制定

每个环节需配套《异常指标阈值参照表》和《客户沟通话术指南》

使用提示：

1. 访谈前准备好客户真实财报样例（隐去敏感信息）

2. 重点记录专家提到的"行业特异性指标"（如建筑业预收款/房地产存货）

3. 用不同颜色标注高/中/低风险对应指标

图3-14　萃取访谈问卷输出结果（续）

本章回顾

下面是针对本章内容的要点回顾，请选出正确的答案。

1. 经验萃取成果的四个层面分别是思维层面、方法层面、行为层面和_____（应用层面/指导层面）。

2. 经验萃取要符合四个原则，它们分别是有结构、可模仿、能排错、易应用。（正确/错误）

3. 常见的切分框架的方法有两种，即按流程步骤切框架和按外在方法切框架。（正确/错误）

4. 在二级萃取中，我们可以从三个方面挖细节，它们分别是关键环节、关键动作和_____（关键要点/关键指导）。

5. 在三级萃取中，识别的障碍包括易错点、困难点和易忽略点。（正确/错误）

6. 常用的配套工具有四类，它们分别是表单助力、卡片随身、流程指引、心法口诀。（正确/错误）

7. 一个经验在落地传播前，要经过三审定稿，即审主题、审经验和_____（审工期/审落地）。

8. 自我复盘式萃取是指萃取者通过回顾自己的经历，按萃取流程并运用工具完成萃取的一个过程。（正确/错误）

9. 业务专家访谈式萃取就是以口头沟通的形式，根据业务专家的答复收集客观的事实材料，以准确地阐述工作过程及细节的一种萃取方式。（正确/错误）

10. 综合观察式萃取包括直接观察法和间接观察法两种类型。（正确/错误）

Q&A参考答案

1. 应用层面

2. 错误

3. 错误

4. 关键要点

5. 正确

6. 正确

7. 审落地

8. 正确

9. 正确

10. 正确

第四章

Structure建模封装，
显性经验形象化

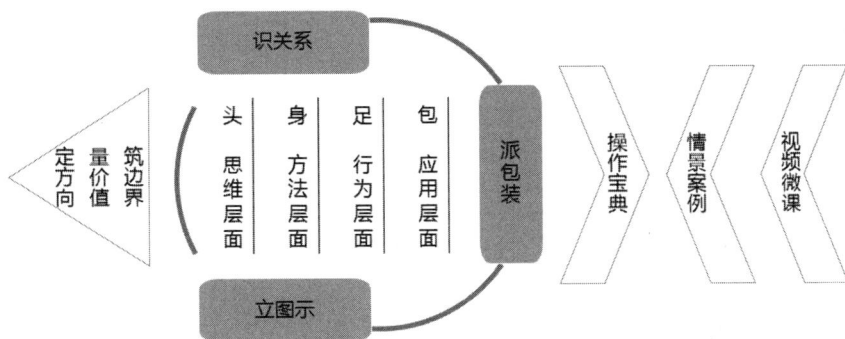

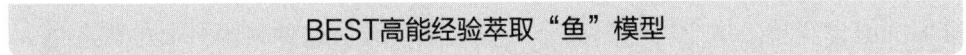

BEST高能经验萃取"鱼"模型

【本章经验导图】

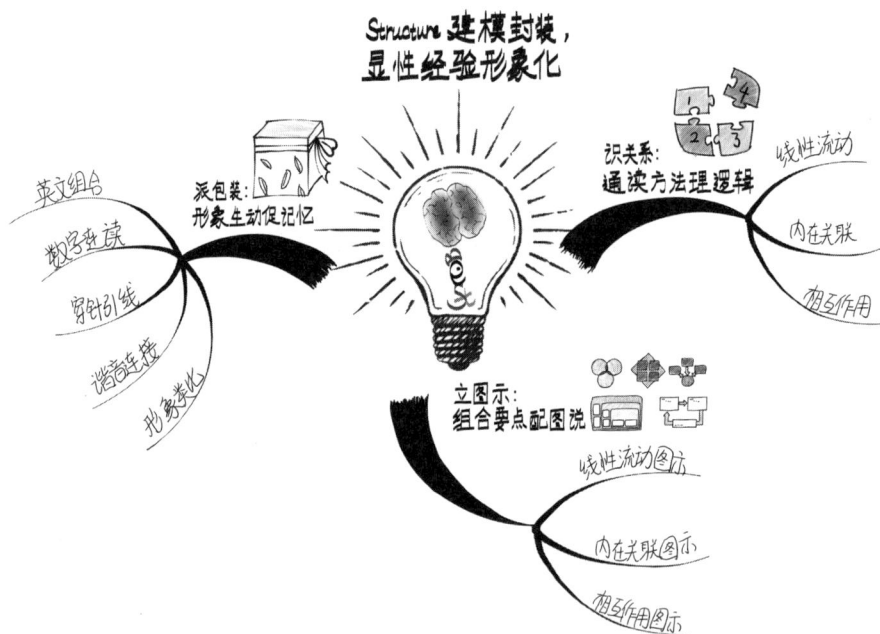

萃取出的经验不仅要有价值，更要方便记忆和传播。通常情况下，人类的大脑是怎样获取信息的呢？研究发现，图表可以将人们的阅读欲望提高到80%；只有文字的说明书，人们只能理解70%左右；图文并茂的说明书，人们能理解95%以上。在沃顿商学院的课堂上，只有50%的听众会被形式单一的演讲打动，伴随着视觉化PPT的出现，演讲的说服力提高到了67%。

为什么图形比文字更容易记忆呢？实验心理学家赤瑞特拉进行过一个著名的心理实验。这个实验是关于人类大脑获取信息的来源方面的内容的，即人类主要通过哪些途径获取信息。他通过大量的实验证实：人类获取的信息83%来自视觉，11%来自听觉，3.5%来自嗅觉，1.5%来自触觉，1%来自味觉。

在"Structure建模封装，显性经验形象化"这一步中，我们需要抓住以下三个环节：

（1）识关系：通读方法理逻辑。

（2）立图示：组合要点配说明。

（3）派包装：形象生动促记忆。

这样做的目的是让枯燥难记的经验变得更易于掌握。

➥ 识关系：通读方法理逻辑

人的大脑更倾向于接受结构清晰、逻辑严谨的内容。符合这两点的事物更容易被大脑接收和理解。例如，排序的概念从数数开始，最初我们能从1数到3，随后能从1数到10，渐渐地能数出更多数字。这种从小数到大数的排列，正符合我们认知习惯的逻辑排序。再如，春、夏、秋、冬是自然的季节顺序，如果打乱这个顺序（如冬、春、夏、秋），不仅违背客观规律，还会增加记忆难度。

在本环节中，我们要认真研究萃取出的经验框架和细节，识别出它们的内在关系并对其进行逻辑排序。常见的排序逻辑有三类，分别是线性流动、内在关联和相互作用。

线性流动

线性流动是最常用的一种逻辑关系，原因如下：其一，萃取出的经验大多是业务专家在做事过程中积累的，本身就具备一定的线性流动逻辑；其二，线性流动逻辑的经验更容易被学员模仿，也更容易迁移到实际工作环境中。单向流程、复杂流程和循环流程，这三种流程从不同维度体现了以时间先后为基础的线性流动逻辑。

单向流程

单向流程是指萃取的经验要点之间存在清晰的时间顺序关系，且这种关系仅具有单向流动的特性。

📑【案例4-1】如何审核企业财务数据的真实性

在银行对公审核贷款过程中，财务信息是企业经营情况的量化反映，也是银行实施授信业务的重要依据。提高财务数据真实性审核的效率，对提升银行授信业务的审批效率具有重要意义。那么，如何审核企业财务数据的真实性呢？

通过访谈，我们萃取了业务专家的经验，总结为以下五个步骤：

第一步，获取资料。向企业索取内部资料，或通过其他方式收集企业所属行业的相关资料。

第二步，初步判断。核实报表数据，梳理背景材料，印证资料之间的关联性。

第三步，加工计算。审核报表的勾稽关系，测算关键财务指标。

第四步，比对寻疑。从企业数据与企业自身情况对比，以及企业数据与同行业数据对比中，寻找潜在疑点。

第五步，疑点求解。首先，将上一环节发现的疑点进行归类，判断问题主要出现在哪些方面。然后，将疑点问题反馈给企业，并寻求企业对于疑点的有效解释。最后，将企业的解释与银行一方的疑点进行对比，得出最终结论。

以上步骤为银行对公业务审核贷款过程中，财务数据真实性审核提供了一套系统化的方法。

经过与业务专家的最终确认，我们发现，对于以上萃取经验的五个步骤而言，只有完成了前一步任务才可以开始后一步任务，它们之间属于单向流动关系，如图4-1所示。

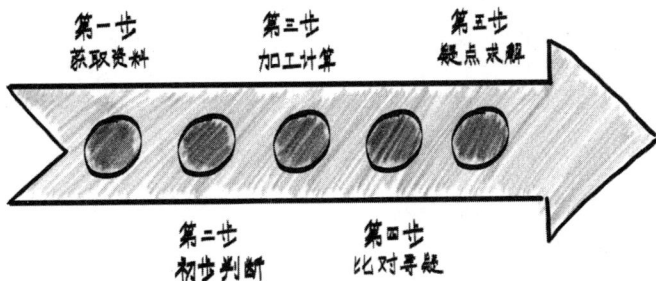

图4-1　单项流程——如何审核企业财务数据的真实性

复杂流程

复杂流程是指萃取的经验要点之间存在基本的单向线性流程关系，同时又在某一个或某几个环节中包含其他逻辑关系的组合。

📄【案例4-2】项目经理如何保障任务推进

项目经理日常工作中的一项重要职责是推动项目团队成员完成任务。优秀的项目经理能够根据任务的重要程度，因人而异地布置任务并跟踪结果。然而，许多新任项目经理常常"眉毛胡子一把抓"，最终导致任务进展不理想。通过对优秀项目经理的经验萃取，我们得到了以下方法：将任务分为一般任务和复杂任务。

对于一般任务的推进，分为两个步骤。第一步，领命分配：从上级那里领回任务，根据各自的工作职责和团队成员的不同特长分配任务。第二步，跟踪管控：在项目团队成员完成任务的过程中，项目经理对节点和成果进行监督反馈，以保障任务的顺利完成。

对于复杂任务，需要先进行难点分析，分解任务的难点和障碍，并匹配与之相对应的有效策略。之后，再按照一般任务的推进方式，进行领命分配和跟踪管控。在推进任务的过程中，"以目标为中心"是贯穿始终的原则。

经过与业务专家确认后的任务推进流程图，如图 4-2所示。从图中我们可以看出，这个任务推进的经验不是一种单向流程关系，而是一种复杂流程关系。在识别复杂流程关系的过程中，我们要与业务专家反复确认以下两点：一是确认正确的逻辑关系；二是尽可能以图示的方式将萃取结果展示给业务专家，以确保萃取结果与业务专家的表达保持一致。

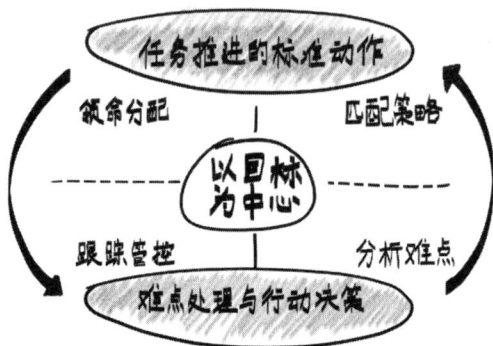

图4-2　复杂流程——任务推进流程图

循环流程

循环流程是指萃取的经验要点之间存在流程关系，同时这个流程首尾相连形成了闭环。也就是说，流程中最后一步的完成意味着新的第一步的开始。

📄【案例4-3】销售人员如何判断客户处于哪个购买阶段

在终端卖场，20%业绩好的销售人员实现了80%的客单量。通过访谈这20%业绩好的销售人员，我们发现，他们不仅掌握了销售的流程步骤，还了解了客户购买商品的心理过程。他们在销售过程中，通过判断客户的购买阶段，能够更快速地找到切入点，有效地控制销售局面。

通过对20%业绩好的销售人员进行经验萃取，我们总结了以下经验：

第一步，产生需求。客户现有的手机旧了，运行速度很慢，需要一部新的手机，于是他们产生了购买需求。

第二步，收集信息。客户开始收集品牌、价格、性能、口碑等一系列的手机产品信息。

第三步，明确目标。客户梳理前一步收集到的信息，确定自己想购买的手机的品牌、价格区间和性能指标等。

第四步，对比评估。客户到实体店进行体验，并做出最后的购买决定。

第五步，成交付款。客户交钱购买手机。

第六步，使用评价。客户开始使用新手机，对新手机进行评价。这时，他们的评价会影响身边的人或自己下次购买手机时的选择，开启一个新的购买循环。

销售人员通过提问可以判断客户处在购买的哪个阶段，并使用针对性的销售话术以便留住客户，并促使客户完成购买。

如图4-3所示，客户购买商品的心理过程就是一个循环流程。循环流程是单向流程的一种变形，这种循环流程中的第一步与最后一步首尾相连，强调的是解决一个问题的过程。它不是只按简单的时间顺序发展，而是要经过反复的循环和优化才能最终达成目标。

图4-3　客户购买商品的心理过程

大家熟知的戴明环也是循环流程的代表，如图4-4所示。

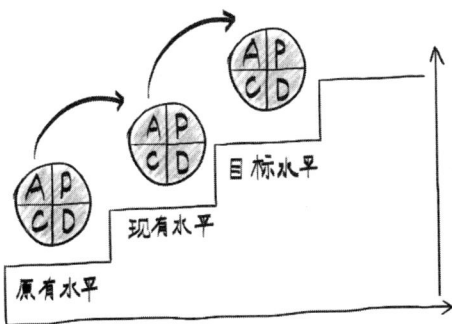

图4-4　戴明环

内在关联

对于复杂的经验或颗粒度较大的经验，内在关联是这些经验呈现时常用的一种逻辑关系，它能够更清晰地阐述业务专家经验框架与细节的内在关系。常见的内在关联逻辑关系有并列关系、重叠关系和包含关系三种。

并列关系

并列关系是指萃取的经验要点内容不分前后，彼此之间是平行并列的逻辑关系。有时，我们在并列关系中会依据经验要点内容的重要程度进行简单的排序，但这种排序仅表示哪一部分经验要点内容更重要。

📜【案例4-4】在贷款审批过程中，银行如何及时发现客户风险

在贷款审批过程中，银行的业务专家要及时发现客户风险并进行有效处理，这项工作至关重要。除了查询银行内部已有系统信息，业务专家还会通过外部手段收集客户风险信息。

通过对业务专家的经验萃取，我们得到以下方法。

第一，查抵押物状态。

（1）权属状态查询：通过房产管理部门查询抵押物的权属状态，如抵押物是否被查封、有无重复抵押情况。

（2）使用状态查询：现场查询抵押物状态及所有权情况，如抵押物状态是否可分辨、实际抵押物与评估调查的抵押物是否一致、抵押物是否已被出售等情况。

（3）租赁状态查询：通过查询租金回笼情况了解租金收取情况，如抵押人是否已提前收取多年租金，抵押物实际租金是否与租赁合同一致。

（4）抵押人状态查询：了解抵押人的情况，发现存在的潜在风险。

第二，搜网络信息。

（1）涉诉违规信息查询：通过相关工具查询企业的工商信息、海关信息，如被法院起诉、营业执照被吊销、被海关、工商、税务部门处罚的情况等。

（2）企业负面信息查询：通过搜索引擎收集信息，如是否被媒体曝出负面信息、是否存在环保不达标的情况、是否存在劳动纠纷等。

第三，挖征信风险。

（1）企业借款情况查询：通过企业融资金额的变化识别其风险。

（2）关联企业情况：通过关注关联企业情况，逐户了解其与借款人的关系及经营情况。

（3）对外担保情况查询：通过关注对外担保的情况，了解企业贷款的实际状态，如对外担保贷款剩余抵押情况和对外担保的原因等。

第四，询同行反馈。

（1）上下游客户：侧面了解客户信息，如应收账款支付情况、其他负面信息等。

（2）竞争对手：通过询问竞争对手，了解该企业在业内的口碑、在同行业内的排名、经营该行业的时间等信息。

如图4-5所示，在访谈过程中，业务专家明确指出以上四种方法在应用时不分先后顺序，无论通过哪种方法发现风险点，银行都会马上停止贷款审批。因此，以上案例中经验要点的逻辑关系被归类为并列关系。

图4-5　四种方法发现企业风险信息

重叠关系

重叠关系也是经常使用的一种逻辑关系。它体现了经验要点内容中的逻辑交叉，也体现了经验要点内容之间的彼此协作。例如，大学毕业生在选择就业岗位时，通常会考虑三方面的因素，即符合个人兴趣、与自己的专业能力相匹配、符合企业发展方向。一个好的就业岗位应该是位于以上三方面内容交叉后的区域。

📃 **【案例4-5】银行在信贷业务审批过程中，如何合理评估资产价值**

银行在信贷业务审批过程中，由于不能正确评估房地产押品价值而造成房地产押品价值被虚高评估的情况时有发生。如何才能对房地产押品进行合理的价值评估，解决因贷款不能及时归还而引起的变现难题？

通过对业务专家的经验萃取，我们得到以下方法。在现场勘查时，要对房地产押品的实物状况、权证状况和市场状况进行评估。对实物状况进行评估时，要做到五看（看内外、看新旧、看南北、看上下、看大小）；对权证状况进行评估时，要做到三查（查所有权情况、查土地性质、查剩余年限）；对市场状况进行评估时，要做到三调（调查周边配套设施情况、调查周边交通状况和调查周边生活环境情况）。

如图4-6所示，业务专家一般会分别评估三个维度，同时会对三个维度评估的结果进行综合考量，并给出最终的评估报告。

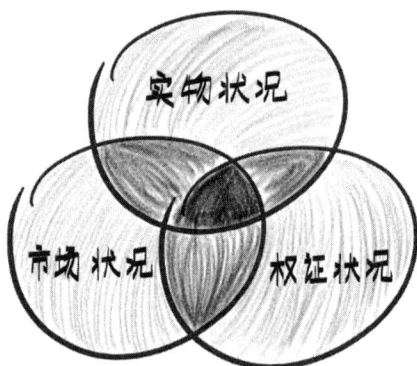

图4-6　三个维度评估房地产押品价值

包含关系

包含关系是指两个或两个以上的经验要点内容之间是一种由外而内的覆盖关系，或者是一种由内而外的发展关系。这些经验要点内容之间可能存在交集，也可能没有交集。接下来，让我们通过一个萃取案例来看看"包含关系"是如何帮助业务专家解释清楚建筑面积和套内面积这两个专业概念的。

📜【案例4-6】在房地产销售过程中，如何讲解套内和套外面积

业务专家在介绍房地产项目时，经常提到两个概念，即建筑面积和套内面积。建筑面积是指建筑物外墙（柱）勒脚以上各层外围水平投影面积之和，包括阳台、挑廊、地下室、室外楼梯等。建筑面积=套内建筑面积+公摊面积。公摊面积是指商品房销售中应分摊计入销售面积的商品房中公共建筑空间的面积，包括楼梯间、电梯井、共用走廊等。简单来讲，建筑面积是房本上所呈现的面积。套内建筑面积是指商品房套内各部分建筑面积的总和。套内建筑面积=套内使用面积+套内分摊面积。套内使用面积是指自己实际能使用的面积，通俗来讲就是指"地毯面积"，即能铺地毯的面积就是能切实使用的面积。

如图4-7所示，关于建筑面积与套内面积这两个概念的解释，业务专家用了一张包含关系图来说明。业务专家表示，这样的展示能够让客户快速地理解这两个概念，从而提高沟通效率，同时专业的解答也提升了客户对业务专家的信任。

图4-7　建筑面积与套内面积

相互作用

相互作用是指经验要点之间是一种彼此独立又互相协作的逻辑关系，

多用于复杂的经验或颗粒度较大的经验。常见的相互作用逻辑关系有合力关系、平衡关系和分割关系。

合力关系

合力关系是指萃取的经验要点内容之间是一种彼此独立，又都为了共同的目标做功的逻辑关系。波特五力模型是比较典型的合力关系的案例。该模型由迈克尔·波特于20世纪80年代初提出，他认为行业中存在着决定竞争规模和程度的五种力量，它们分别为进入壁垒、替代品威胁、买方议价能力、卖方议价能力及现存竞争者之间的竞争。这五种力量是影响产业吸引力及现有企业竞争战略的重要因素。

【案例4-7】在门店销售过程中，如何营造良好的购物环境

在门店销售过程中，销售人员为了让客户有更好的购物体验，会在客户进门时热情相迎，为其提供帮助，并在客户购物及离开时给出不同的回应。销售人员在销售过程中应做到以下几点：

（1）来有迎声。客户进门时，热情地迎接并说"您好，欢迎光临"。

（2）问有答声。客户提问时，及时回应并说"您好，有什么能够帮到您的"。

（3）忙有歉声。客户等待时，表示歉意并说"稍等，我马上过来"。

（4）走有送声。客户离开时，礼貌地送别并说"您好，欢迎下次光临"。

虽然只是简简单单的四句话，却能给客户带来亲切的购物感受。

如图4-8所示，所有的经验要点都向着同一个目标做功，这就是合力关系的内在逻辑。

平衡关系

平衡关系是指萃取的经验要点内容之间是一种内在对等的关系，是一种既要做好A面，也要做好B面，失去哪一面都会失去内在平衡的关系。平衡关系就像人的左右手，协调的双手会让人完成更多的任务，创造更好的价值。

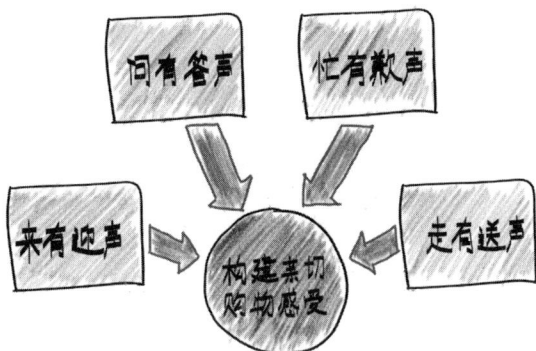

图4-8　构建亲切购物感受

【案例4-8】企业如何通过网络推广来提升产品知名度

在企业的网络推广过程中，通常会采用网站SEO和关键词竞价这两种方式。企业的网络营销人员及网络优化人员，一方面需要运用搜索引擎优化（Search Engine Optimization，SEO）技术，使企业相关产品的关键词在搜索引擎中获得靠前的排名；另一方面需要通过关键词竞价的方式，让目标消费者和潜在客户能够更快速地找到自己的企业。在网站SEO中，常用的关键词通常是企业的品牌词（即包含企业名称和产品商标的词汇）和长尾词（即包含企业名称和产品商标的较长词汇）。而在关键词竞价中，常用的关键词往往是企业产品的核心词（即产品类别和产品归属的关键词）。

如图4-9所示，平衡关系图更好地体现了这两种方式之间的内在关系，可以使企业的网络营销人员及网络优化人员时刻注意它们之间的平衡。

图4-9　企业网络推广的两种方式

分割关系

分割关系是从两个维度对同一事物进行深入分析的一种逻辑关系。例如，著名管理学家史蒂芬·柯维提出的时间管理理论，通过分割关系将时间管理划分为四个象限，这种分类不仅容易记忆，而且容易理解。如图4-10所示，时间管理理论把事情按照重要和紧急程度划分为四个象限，即重要紧急、重要不紧急、不重要紧急、不重要不紧急。

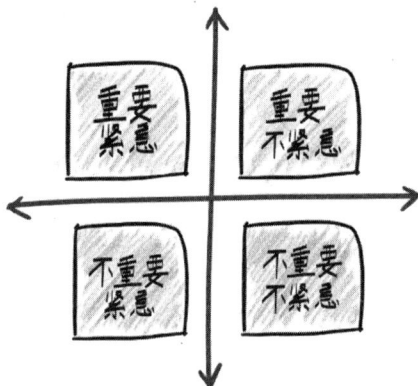

图4-10　时间管理的四个象限

📜【案例4-9】如何对经验进行分类

对于常见的经验，我们可以按照"有没有道理"和"有没有用处"这两个标准来进行分类。具体分类如下：

（1）有道理、有用的经验：被称为"干货"经验。这类经验既有理论依据，又能提供实际指导，是经验萃取中最为宝贵的。

（2）有道理、没用的经验：被称为"鸡汤"经验。这类经验听起来很有道理，但缺乏实际操作性，容易误导学员。

（3）没道理、有用的经验：被称为"偏方"经验。这类经验虽然缺乏理论支持，但在实践中可能有效。

（4）没道理、没用的经验：被称为"废料"。这类经验既无理论依据，也无实际价值，应在经验萃取时避免选择。

如图4-11所示，通过分割关系，我们可以很好地将四类经验进行逻辑化呈现。分割关系属于复杂的逻辑关系，这种关系非常考验业务专家的深度思考能力，同时也考验萃取者的逻辑思维能力。

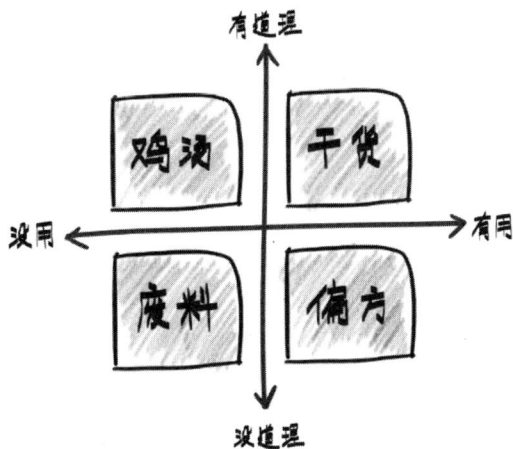

图4-11　经验的四个类别

➡ 立图示：组合要点配图说

美国教育心理学家、认知心理学家杰罗姆·布鲁纳提出，从人类记忆的规律来看，除非将一件件事情纳入到构造良好的模型中，否则它们很快就会被遗忘。他认为，如果获得的知识缺乏完善的结构将其关联起来，那么这些知识多半会被遗忘。学习的本质在于将同类事物联系起来，构建出有意义且易于记忆的结构。学习的过程，就是对认知结构进行重新组织的过程，即在学员的头脑中形成各学科知识的完整体系。

学员处理和加工所学经验的过程可以分为以下几个步骤。首先，将经验在大脑中进行结构化处理。大脑会对输入的内容进行分类和分组，并厘清其在知识体系中的层级关系。其次，在理解的基础上进行记忆。虽然理解和记忆并非最终目的，但它们是实现知识应用的前提。学员需要在合适的时间快速提取这些经验，以应对实际工作中的问题。在这个过程中，学员需要思考如何将提取出的经验与之前的相关已知经验建立连接。最后，将经验可视化或图形化。与文字相比，图像和图形类的内容更容易被人类大脑记住。

然而，并非所有经验都适合转化为图示。通常情况下，主题颗粒度较大或复杂程度较高的经验更适合转化为图示。在萃取经验的过程中，学员群体越复杂，就越需要提供简单易理解的经验。为了让主题颗粒度较大或复杂程度较高的经验更容易被学员理解和传播，在"立图示：组合要点配图说"环节，我们将采用线性流动图示、内在关联图示、相互作用图示这三类逻辑图形，从而使经验更易于理解和传播。

线性流动图示

首先，让我们来看一下常用的线性流动图示。常用的线性流动图示包含单向流程、复杂流程和循环流程三种逻辑关系的图示。

单向流程图示

常用的单向流程图示如图4-12所示。

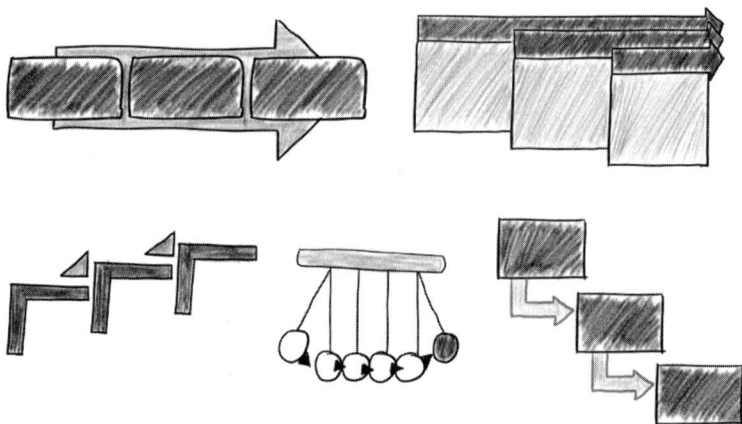

图4-12　单向流程图示

复杂流程图示

常用的复杂流程图示如图4-13所示。

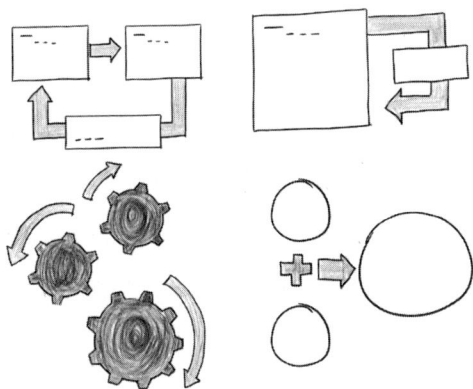

图4-13　复杂流程图示

循环流程图示

常用的循环流程图示如图4-14所示。

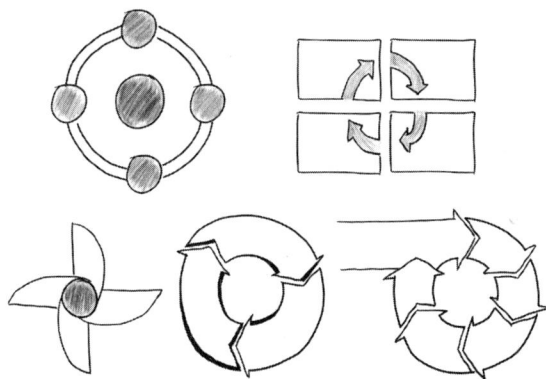

图4-14　循环流程图示

下面，我们来看一个用线性流动图示来展现经验结构的案例。

【案例4-10】如何提高员工的执行力

企业在管理过程中发现，优秀员工与普通员工完成同一难度任务的结果往往存在显著差异，这种差异不仅体现在任务完成的质量上，还体现在完成任务的效率上。如果用一个词来概括这两种差异，那就是执行力。那么，如何提高员工的执行力呢？通过对优秀员工的经验萃取，我们总结出了以下经验。

第一步，领命确认。这一步的目标是确保员工做正确的事。在此步骤中，员工需要学会如何准确理解领导的指令，如何与领导确认指令的准确性，以及如何争取更多有利资源以更好地完成任务。

第二步，分析任务。员工需对从领导处领到的任务进行分析，明确哪些任务可以直接执行，哪些任务需要深入分析，以及完成这些任务所需的资源等。

第三步，制订计划。根据第二步任务分析的结果，合理分配资源，并将责任落实到个人。制定与每个节点相对应的目标是这一步的关键。

第四步，实施推进。在评判员工执行力时，不仅要关注其是否第一时间行动，还要看其是否找到正确的方法以及是否制订了严谨的计划。此阶段的重点是跟进和检查计划的执行情况，以及应对突发情况的处理能力。

第五步，呈现结果。在此步骤中，员工需要学会如何总结成果，如何形成文档或案例，以及如何将成果汇报给领导。每次结果汇报后，领导会根据员工的能力及任务完成情况，调整员工的任务目标或指派新任务，从而开启新一轮的执行循环。员工的执行过程和结果是由领导指挥和评估的，因此在执行过程中，反馈是一个至关重要的环节。只有在每一步及时且准确地反馈，才能使执行结果与领导的期望保持一致。

以上经验如果以结构示意图的形式展示，学员将更好地理解业务专家提供的经验，并更容易将其应用到实际工作中。高效执行"5+1"流程如图4-15所示。

图4-15　高效执行"5+1"流程

内在关联图示

接下来，让我们来看一下常用的内在关联图示。内在关联图示包含并列关系、重叠关系和包含关系三种逻辑关系的图示。

并列关系图示

常用的并列关系图示如图4-16所示。

图4-16　并列关系图示

重叠关系图示

常用的重叠关系图示如图4-17所示。

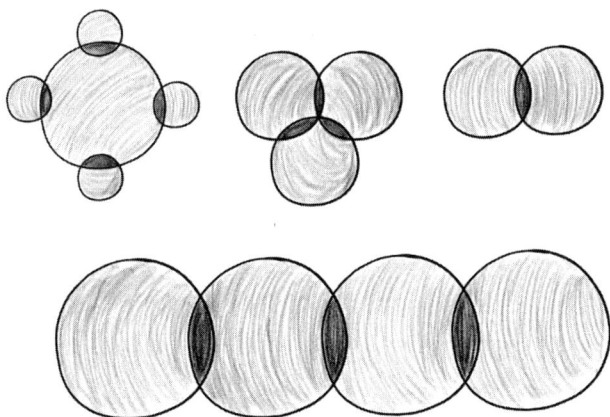

图4-17　重叠关系图示

包含关系图示

常用的包含关系图示如图4-18所示。

图4-18　包含关系图示

下面，我们来看一个用内在关联图示来展现经验结构的案例。

【案例4-11】如何识别客户的购买信号

能否让客户交付定金是房地产企业销售人员判断客户是否有购买意向的关键环节。如果过早要求客户交付定金，可能会引起客户的反感；然而，如果不能及时请求客户交付定金，客户可能会与其他销售人员达成交易，导致销售人员之前的努力付诸东流。因此，准确识别客户的购买信号，并在合适的时机要求客户交付定金，已成为衡量销售人员关键能力的重要标准。

通过对业务专家经验的萃取，我们发现优秀的销售人员通常会从三个维度来识别客户的购买信号。第一个维度是表情信号。当客户产生购买意向时，可能会出现以下表情变化：双眉从舒展变为紧缩，嘴巴开始抿住，呈现出沉思状，或者态度突然变得热情。第二个维度是语言信号。例如，客户开始询问学区信息、周边配套设施、价格优惠以及后续手续等细节问题时，这表明他们对房屋的兴趣正在加深。第三个维度是行为信号。客户可能会对销售人员的介绍频频点头，身体前倾幅度增加，用手不断触摸订单，反复查看样板间，并且久久不愿离开。

如图4-19所示，当销售人员捕捉到以上信号时，应及时抓住时机，礼貌地邀请客户交付定金。

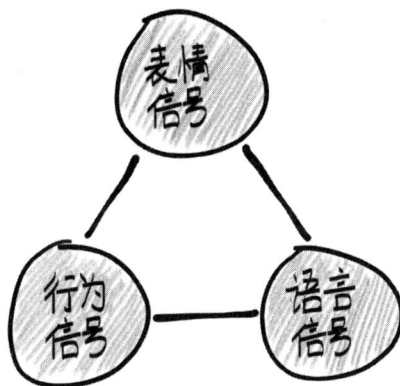

图4-19　如何识别客户的购买信号

相互作用图示

最后，让我们来看一下常用的相互作用图示。相互作用图示包含合力关系、平衡关系和分割关系三种逻辑关系的图示。

合力关系图示

常用的合力关系图示如图4-20所示。

图4-20　合力关系图示

平衡关系图示

常用的平衡关系图示如图 4-21 所示。

图4-21　平衡关系图示

分割关系图示

常用的分割关系图示如图 4-22 所示。

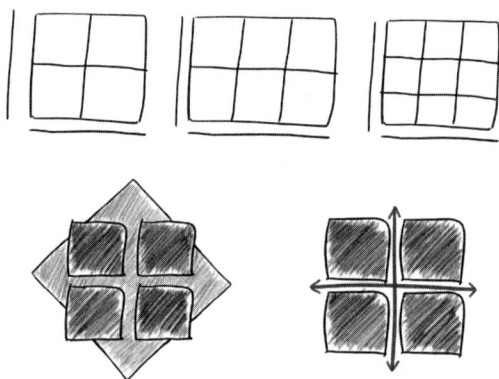

图4-22　分割关系图示

下面，我们来看一个用相互作用图示来展现经验结构的案例。

【案例4-12】如何判断中小型企业的经营情况

　　银行客户经理是连接银行与客户之间的桥梁，其核心工作是挖掘客户需求并满足客户要求，同时也是风险把控的第一道关卡，更是防止企业（本案例中的企业指中小型企业）经营风险波及银行的第一道屏障。因此，在挖掘客户需求的同时，保障银行资产的安全是客户经理工作的重中之重。那么，如何才能快速识别优质企业？如何才能快速识别企业的经营风险？客户经理是否仅通过一张财务报表就能识别企业的经营风险？答案显然是否定的。原因在于，企业的财务制度普遍不够健全，很多企业的财务报表未经审计，参考价值较低，难以如实反映企业的实际经营情况。此外，银行与企业之间存在信息不对称的问题，企业在向客户经理汇报财务情况时，往往倾向于报喜不报忧。那么，客户经理如何才能了解企业的实际经营情况？

通过对业务专家经验的萃取，我们总结出可以通过"三品""三表""三流"来综合判断企业的经营情况。

"三品"包括人品、产品和押品。首先，人品方面，客户经理可以通过相关工具查询并了解借款人的信用状况，同时通过访谈上下游企业、同业、内部员工、当地政府等渠道，全面了解借款人的人品。其次，产品方面，客户经理可以通过了解企业近三年每年的实际产品产量以及当年前几个月的实际产品产量，分析其产品产量是增加还是减少，从而判断其发展趋势；还可以通过与同业产品对比，评估其产品是否在同业中处于领先水平。最后，押品方面，客户经理可以通过线上线下房屋中介、政府招拍挂网站等渠道，了解当地担保品的价格情况及变现能力，并与本行认可的评估机构出具的评估报告进行印证。

"三表"包括水表、电表和纳税申报表或海关报表。首先，水表的走势可以印证企业经营周期是否相符。其次，通过将企业一个年度或当年一段时间的用电量与上一年度同期的用电量进行对比，可以判断企业的经营态势。最后，通过核查纳税申报表或海关报表，可以核实企业的实际销售收入。

"三流"包括人流、物流和现金流。首先，通过人流可以判断企业的生意兴旺程度。其次，通过物流可以了解企业的购销流程是否畅通。最后，通过现金流可以了解企业贷款的用途，判断企业贷款金额的合理性和偿还银行贷款的能力。

通过与业务专家的确认，我们发现以上三个方面的经验要点之间属于合力关系，如图4-23所示。这三个方面的经验要点既可以独立应用，也可以相互配合，从而最终对企业的经营状况做出准确判断。

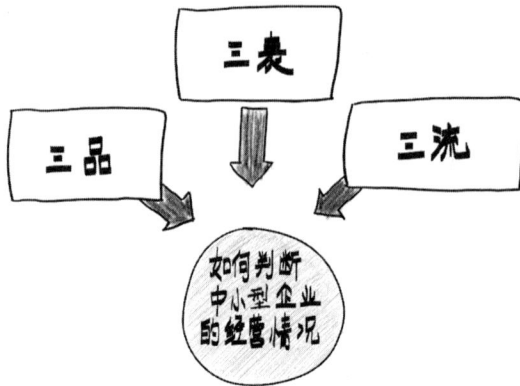

图4-23　如何判断中小型企业的经营情况

萃取者可以利用表4-1在设计逻辑关系图时获得指导。

表 4-1　逻辑关系图绘制参考表

逻辑关系	图形示例
单向流程	第1步 ➡ 第2步 ➡ 第3步 ➡ 第4步
复杂流程	第1步 ➡ 要素1/要素2/要素3/第2步 ➡ 第3步 ➡ 第4步
循环流程	1 2 3 4 5
并列关系	A B C

续表

逻辑关系	图形示例
重叠关系	
包含关系	
合力关系	
平衡关系	
分割关系	

➥ 派包装：形象生动促记忆

认知心理学研究显示，大脑的短时记忆能力是有限的。如果在短时间内向大脑输入过多信息，大脑往往难以有效存储和回忆这些信息。美国认知心理学家乔治·米勒在1956年发表于《心理学评论》杂志的重要论文"神奇的数字7±2：我们信息加工能力的局限"中指出，年轻人的记忆广度大约为七个单位（如阿拉伯数字、字母、单词或其他单位），并将其称为"组块"。这一发现为理解人类短时记忆的局限性提供了重要的理论基础。

加拿大的心理学家克雷克和洛克哈特进一步提出，信息加工的深度比复述时间的长短更为关键，这就是加工深度理论。该理论认为，只有通过有深度、有意义的方式对材料进行复述，才能促进记忆。被动的复述对记忆并无帮助。因此，越有意义的内容越容易被学员记住，并且在需要使用时也更容易被快速提取。

在"派包装：形象生动促记忆"这一环节中，我们的目标是使业务专家的经验更加形象和生动。这样的经验不仅有助于学员记忆，也更容易被快速传播。为此，我们常用的包装方式有以下五种：英文组合、数字连读、穿针引线、谐音连接和形象类比。

英文组合

英文组合是一种通过使用英文单词的首字母来形成易于记忆的缩写的方法。

示例1：肯德基的"CHAMPS"冠军计划

肯德基在全球范围内推广的"CHAMPS"冠军计划旨在为客户提供一个标准、稳定和可靠的服务体验。该计划的名称由体现肯德基服务目标的每一个英文单词的首字母组成，具体如下：

- C（Cleanliness）：美观整洁的环境。
- H（Hospitality）：真诚友善的接待。
- A（Accuracy）：确保准确无误的供餐。
- M（Maintenance）：优良的设备。
- P（Product Quality）：高质稳定的产品。
- S（Speed）：快速迅捷的服务。

"CHAMPS"这个组合名称不仅突出了服务的核心目标，还能够使人快速记住，是一个成功的典型案例。

示例2：常见的工具和方法

许多我们熟悉的工具和方法都是以英文缩写的形式表示的，例如：

- SMART原则：用于考核员工绩效，强调目标的具体性（Specific）、可衡量性（Measurable）、可实现性（Achievable）、相关性（Relevant）和时限性（Time-bound）。
- PDCA循环：用于质量管理，包括计划（Plan）、执行（Do）、检查

（Check）和行动（Act）。

- 4C营销理论：关注客户（Customer）、成本（Cost）、便利（Convenience）和沟通（Communication）。
- 4P营销理论：关注产品（Product）、价格（Price）、渠道（Place）和促销（Promotion）。
- GROW模型：用于教练技术，包括目标（Goal）、现状（Reality）、选项（Options）和行动（Way forward）。

FAST高效课程开发模型：强调快速（Fast）、适用（Applicable）、简洁（Succinct）和可传播（Transferable）。

示例3：销售人员的提问策略

在销售过程中，销售人员通过提问来了解客户的需求。经验丰富的销售人员会向客户提出以下五类问题：

- 工作相关："您从事哪个行业的工作？""您是否经常出差？"
- 购买用途："您是自己使用还是赠送朋友？"
- 生活习惯："您喜欢用大屏手机还是小屏手机？"
- 兴趣点："您经常使用的手机功能具体包含哪些方面？"
- 已有经验："您有没有看好的型号？"

为了帮助销售人员熟记这五类问题，我们可以采用英文组合的方式：

- 工作相关（Job）。
- 购买用途（Use）。
- 生活习惯（Life）。
- 兴趣点（Interest）。
- 已有经验（Experience）。

将这五个英文单词的首字母组合起来，形成了一个容易记忆的英文组合"JULIE"。

数字连读

数字连读是一种通过将数字与经验中的关键要点相结合的方法，使经验更顺口、更易于传播和记忆。

示例1：判断一碗兰州牛肉拉面是否正宗

作为资深的美食爱好者，如何判断一碗兰州牛肉拉面是否正宗？记住它的五个特点即可，即"一清""二白""三红""四绿""五黄"：

- 一清：牛肉汤清。
- 二白：萝卜片白。
- 三红：辣椒油红。
- 四绿：蒜苗、香菜翠绿。
- 五黄：加了蓬灰的面条会呈现淡黄色。

这种方式能够帮助我们熟记一碗正宗兰州牛肉拉面的五个特点，而且这五个特点被认为是兰州牛肉拉面的品牌标识。

示例2：装箱发货的标准化作业

在装箱发货的过程中，负责装箱发货的员工由于对产品基础信息及标准化作业文件的理解不够透彻，导致产品划伤、断裂、变形、破损、装错等问题频繁出现。为了避免这些问题，提高装箱发货的质量，使员工有章法、有条理地进行标准化装箱发货作业，我们对业务专家的经验进行了萃取，形成了以下方法：

- 一个牢记：牢记规程。
- 两个合理：选用合理、摆放合理。
- 三个不要：不要磕碰、不要外露、不要接触。
- 四个避免：避免混箱、避免乱放、避免多发、避免漏发。
- 五个分清：分清轻重、分清大小、分清软硬、分清高低、分清多少。

穿针引线

穿针引线是一种通过将关键要点串联起来的方法，通常通过"字头"、"字中"和"字尾"来突出关键要点，从而实现助力记忆的作用。

示例1：金庸作品名的记忆方法

对于金庸的著作，很多人能够对其作品名如数家珍，这是为什么？因为金庸将自己作品名的第一个字串了起来，写成了一副对联："飞雪连天射白鹿，笑书神侠倚碧鸳。"这副对联中的每个字对应的作品名分别是《飞狐外传》《雪山飞狐》《连城诀》《天龙八部》《射雕英雄传》《白马啸西风》《鹿鼎记》《笑傲江湖》《书剑恩仇录》《神雕侠侣》《侠客行》《倚天屠龙记》《碧血剑》《鸳鸯刀》。

通过这副对联，我们能够快速记住金庸的14部作品。但当我们谈起与金庸同时代的古龙、梁羽生、温瑞安等名家时，一下说出他们的14部作品名就有一些难度了。这就是"穿针引线"的作用。

示例2：员工办理出国手续的流程

有一次，我在讲授萃取经验的课程时，企业提出了这样一个主题——员工如何办理出国手续。通过对人力资源、业务专家的经验萃取，我用一句话就可以把申请办理出国手续的全流程描述得清清楚楚，即"有约在先"：

- 有：有需求、有假期、有表格。
- 约：约综管、约领导、约审批。
- 在：在申请、在模板、在证照。
- 先：先返岗、先销假、先交证。

通过这四个字，员工可以快速记住办理出国手续的全流程，确保每个环节都不遗漏。

谐音连接

谐音连接是指提取经验中的关键要点，利用谐音的方式进行连接，从而帮助学员更好地记忆。

示例1：提升生活细节记忆

有一次，我去朋友家做客，一起出门吃饭时，我听到他嘴里嘀咕着什么，便好奇地问他在说什么。他随口说："伸手要钱。"我听后对他说，这顿饭我请了。朋友赶忙解释，不是这个意思。原来，他出门总忘记带钥匙和手机，有几次在门口等得很晚，家人才回来帮他开门。后来，他总结了一句口诀，即"伸手要钱"，意思是出门时要带好四样东西：身份证、手机、钥匙、钱包。这个生活中的例子让我们看清了一个事实：即使是自己很熟悉的东西，如果没有一个好的记忆方法，也容易忘记。

示例2：机器人制造企业中的质量改善步骤

在某机器人制造企业，负责装配的员工在装配过程中，由于不善于总结经验，导致各种质量问题时有发生，进而导致生产成本不断攀升。大部分企业都希望好的经验能够得到分享与传承，于是质量管理小组的模式在企业中被广泛推广。通过对业务专家经验的萃取，我们知道了建立质量小组、推动质量改善的三个步骤：

（1）打一套"组合权"：组建团队，合力划策，权衡目标。

（2）学一套"数理化"：数据收集，理性分析，化繁为简。

（3）创一套"三自经"：三榜定案，自我超越，经验传承。

形象类比

学习的过程是一个将外部的知识（自己不懂的）与已经掌握的内容建立连接的过程。要想真正学会外部的知识和经验，就必须将其进行编码，与自己既有的知识和经验建立关联。在生活中，当你对他人所说的事情不理解时，你可以让对方举一个例子或进行一个比喻来帮助你理解。形象类比就是运用生活中的事物和情景来帮助学员理解业务专家经验的一种有效方式。

示例：银行客户经理的信用卡营销策略

银行的客户经理在面对信用卡数据系统导出的信息时，经常会遇到以下问题：面对大量客户数据不知如何下手，从哪里开始营销，以及如何深入营销。通过对业务专家经验的萃取，我们得到了以下方法：准备数据、筛选数据、确立目标、挖掘潜力。为了使学员能够快速理解和学习，业务专家将整个过程类比为捕鱼的过程：

（1）准备数据。就像渔民出海前要准备好渔网一样，客户经理在开始营销之前，需要准备好数据，做好基本的准备工作。

（2）筛选数据。就像渔民撒下密网，设置客户筛选条件，快速找到符合条件的客户。

（3）确立目标。就像渔民"捞大鱼"，先将符合信用卡分期条件，并有充足意愿的"大鱼"捞出。

（4）挖掘潜力。就像渔民"捕小鱼"，毕竟"大鱼"的数量有限，捞完"大鱼"后开始捕捞符合条件但意愿度不高的"小鱼"。

通过这四个步骤，学员能够快速提高识别信用卡分期目标客户的能力。这种类比不仅使抽象的营销策略变得生动形象，还帮助学员更好地理解和记忆这些策略。如图4-24所示。

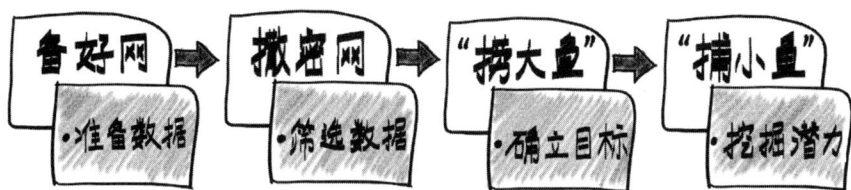

图4-24　四步营销信用卡分期客户

在"派包装：形象生动促记忆"环节，可以使用表4-2高效设计经验的记忆点。

表4-2　记忆化包装工具表

包装方式	记忆化包装
英文组合	
数字连读	
穿针引线	
谐音连接	
形象类比	

➔ AI+ 记忆化包装

针对前面萃取的成果，我们可以借助AI提示词，让其设计一些记忆化包装的方案。萃取者可以直接采纳AI提供的记忆化方案，当然，也可以在AI方案的基础上进行必要的修改和完善，以确保最终方案的适用性和落地效果。

AI 提示词：记忆化包装

定身份：您是一位资深的经验萃取专家，具备丰富的经验提炼与传播经验，擅长将经验转化为易于记忆的表达方式。

定任务：针对萃取成果中的方法层面经验，设计更易于记忆和传播的表达方式，以便学员能够更好地理解和记忆。

定要求：

1. 采用英文组合法。例如，在"BEST高能经验萃取"中，BEST四个字母分别代表了提炼过程中的四个步骤。

2. 采用数字连读法，即数字与关键词相结合的方法。例如，"一慢二看三通过"。

3. 运用穿针引线法，从每个内容中选取一个关键词，以体现该内容的核心意义。例如，提炼主题的三个步骤为"定方向、量价值、筑边界"，将字头串联起来形成"定量筑"，其谐音为"顶梁柱"。

4. 运用谐音连接法，从每个部分选取一个关键字，以体现该内容的核心意义，并通过谐音的方式帮助记忆。例如，出门需要携带的物品分别是"身份证、手机、钥匙、钱包"，为了便于记忆，可以设计为"伸手要钱"。

5. 运用形象类比法，利用日常生活中的实例和情景，以促进学员对业务专家经验的理解。例如，在萃取"如何对信用卡分期客户进行营销"的主题时，通过"准备数据（备好网）、筛选数据（撒密网）、确立目标（捞大鱼）、挖掘潜力（捕小鱼）"等步骤，帮助学员加深记忆。

6. 运用您所知的方法，对产出的成果进行记忆化包装，确保其具有实用性，并能代表核心经验内容。

限制条件：记忆化包装是为了使经验更易于传播和实施，应避免使用复杂的包装形式，不要过分追求个性化语言，最好使用与业务实际相符的语言。

DeepSeek输出结果实录如图4-25所示。

🐾 记忆化包装设计方案 (完整版)

基于"如何通过对报异常指标识别货后风险信号"的方法论，结合多种记忆技巧，设计以下记忆化工具：

方案一：英文组合法——"SCAN"模型

（通过4个英文首字母串联核心步骤）

- **S**creening（筛查）：快速定位显性异常指标
- **C**ross-verifying（交叉验证）：勾稽关系与非财务数据互锁
- **A**nalyzing（穿透分析）：行业对标与动态阈值管理
- **N**avigating（分级处置）：红黄蓝二级响应机制

方案二：数字连接法——"一筛二破三穿四动"

（数字+关键字串联步骤）

- **一筛**：筛查"三率两周转"核心指标
- **二破**：破解勾稽关系矛盾组合
- **三穿**：穿透工商/司法/供应链数据
- **四动**：启动动态分级响应机制

方案三：穿针引线法——"基勾穿动"

（取各步骤关键字谐音化）

- **基**：基础指标筛查
- **勾**：勾稽矛盾验证
- **穿**：穿透业务实质
- **动**：动态分级处置

方案四：谐音连接法——"筛勾穿动保"

（取自各方案核心字谐音组合）

- **筛**（筛选）
- **勾**（勾稽验证）
- **穿**（穿透分析）
- **动**（动态响应）
- **保**（风险保障）
  ⇒ **记忆口诀**："筛勾穿动保，风险跑不了"
  （寓意：通过筛选、勾稽、穿透、动态响应实现风险保障）

图4-25　记忆化包装输出结果

方案五：形象类比法——"风险医生四诊法"

（将专业流程类比医疗场景）

1. **初诊（筛查）**：量血压（基础指标）

2. **化验（验证）**：抽血查生化（勾稽关系）

3. **会诊（穿透）**：CT/MRI（多维数据）

4. **治疗（处置）**：分轻/中/重症（分级响应）

图4-25　记忆化包装输出结果（续）

↳ AI+ 逻辑关系图

从以上记忆化包装后的成果中，选择容易让学员理解和记忆的方案。随后，我们可以借助Napkin工具来协助萃取者生成萃取成果的逻辑关系图。以下是使用Napkin生成逻辑关系图的具体操作步骤。

1. 打开Napkin.AI官网。首先，需要访问Napkin.AI的官方网站或下载其应用程序，以开始我们的使用之旅。

2. 注册或登录账户。在网站的右上角，找到并单击"登录"或"注册"按钮（见图4-26），根据提示完成账户的创建或登录。之后，将能够尽情探索Napkin.AI提供的各种图表功能和工具。

使用邮箱进行注册（建议使用QQ邮箱）。完成注册后，请前往邮箱查看验证码，并返回填入相应位置。随后，将面临一个选择环节，只需随意选择一个选项即可继续。

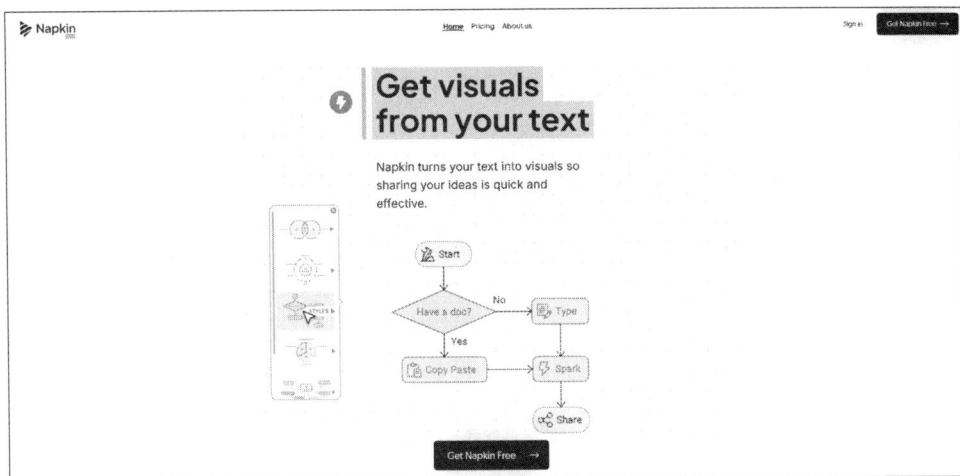

图4-26　Napkin.AI账户登录或注册

3. 准备生成视觉图像。在完成上述步骤后，将进入视觉图像的生成阶段。请根据提示，准备好相应设备，并按照指引进行操作。

单击"Get Napkin Free"后，将呈现两个选项供选择：

（1）使用AI草拟。选择这个选项后，只需输入一个话题，系统将自动生成相关内容。

（2）空白的笔记本。选择这个选项后，可自由输入文字，系统将即时生成笔记内容。

4. 生成视觉图像。

（1）将需要制作成逻辑关系图的文本复制到文本区域，随后单击左侧的蓝色闪电图标，如图4-27所示。

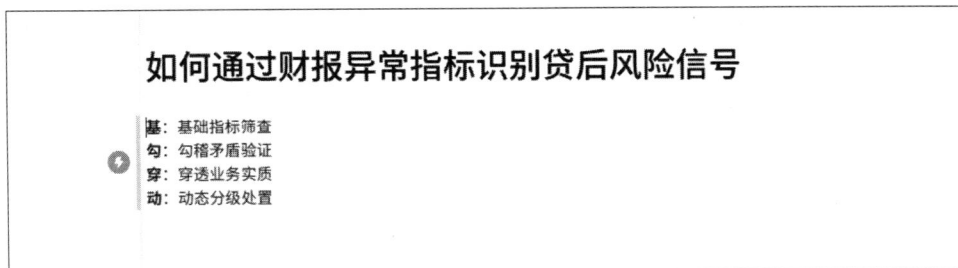

图4-27　复制生成视觉图像的文字

（2）Napkin AI能够依据内容，自动生成一系列逻辑关系图，供用户挑选。例如，图4-28展示了Napkin AI所创建的一个逻辑关系图。

图4-28　Napkin AI生成的逻辑关系图

（3）在选定适当的逻辑关系图之后，可以在左侧的工具栏中单击"STYLES"图标来设置逻辑关系图的风格，如图4-29所示。

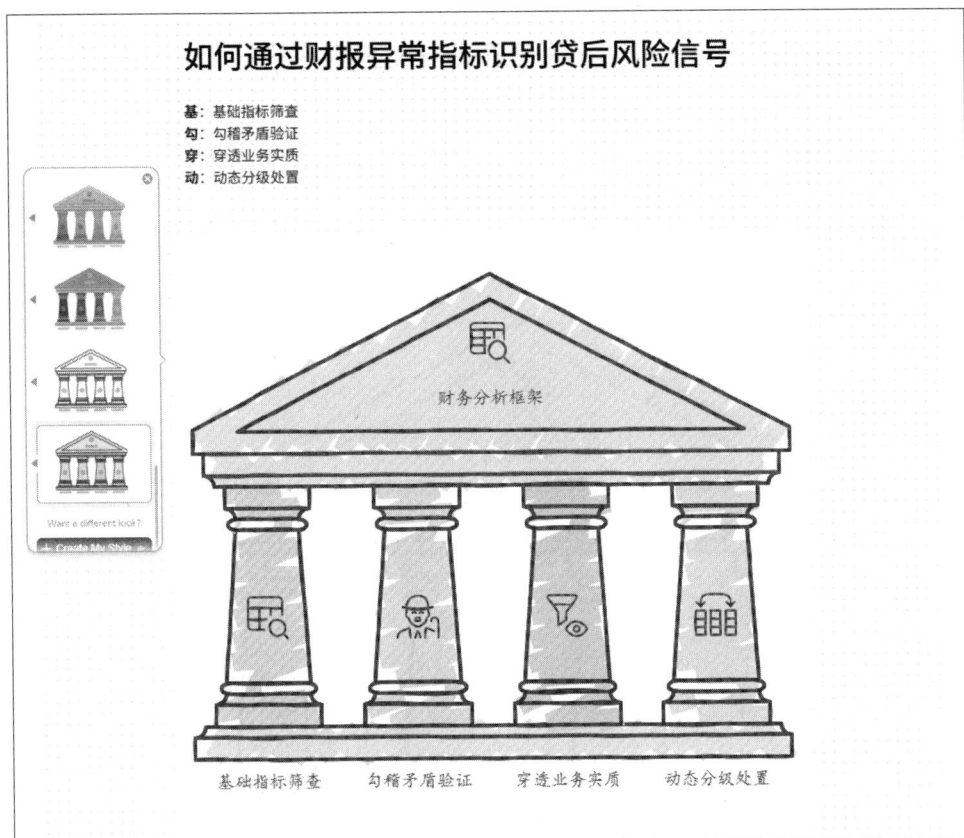

图4-29 设置逻辑关系图的风格

（4）在调整逻辑关系图的风格之后，我们确定了一个图形，它最能体现萃取经验的底层逻辑，并将其作为最终的逻辑关系图。如图4-30所示，我们选定的图形类似于房屋，用作"如何通过财报异常指标识别贷后风险信号"的逻辑关系图。

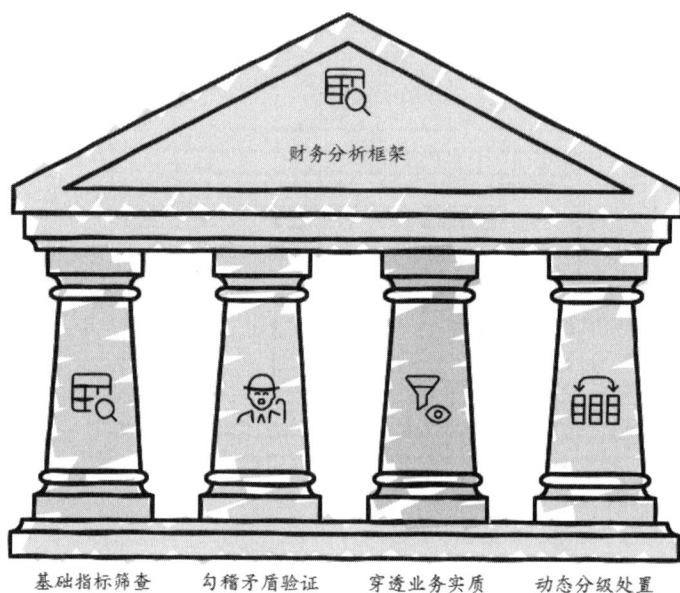

图4-30　选定逻辑关系图

5.完善逻辑关系图。

（1）如图4-31所示，单击图形右上角的选项可以调整图形的风格。

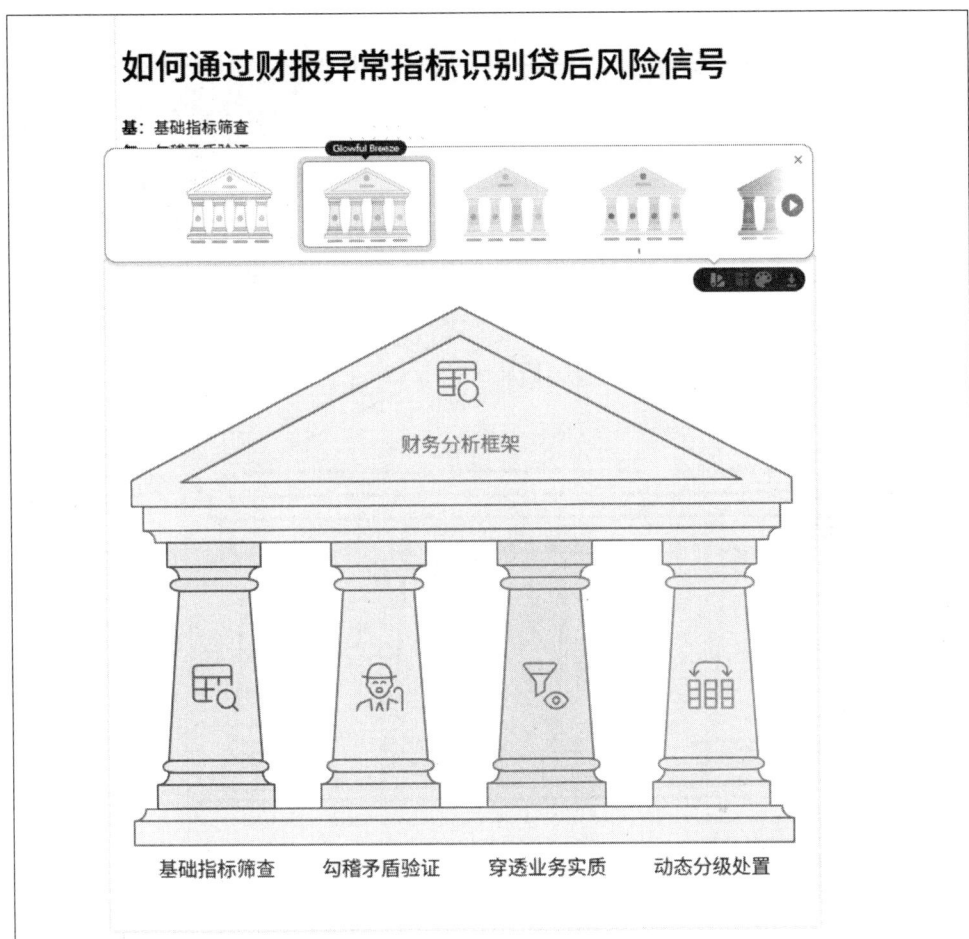

图4-31 调整图形的风格

（2）如图4-32所示，继续变化右上角的选项，可以修改图形的背景颜色。

图4-32　修改图形的背景颜色

（3）如图4-33所示，通过优化图形细节，可以编辑并调整图形中的各个元素：

- SHAPE：改变绘制角度。

- PATTERN：修改线条样式。

- THICKNESS：设定线条粗细。

- BRIGHTNESS：调整线条亮度。

- 颜色：更改线条颜色。

图4-33　优化图形细节

（4）如图4-34所示，可以修改逻辑关系图中的字体格式。通过选中特定文字，可以进行以下操作：

- 更改文字内容。
- 调整文字格式。例如，使用"B"按钮来加粗字体，使文字更加突出；使用"A"按钮来调整字体大小，确保文字清晰可读；为文字设置颜色和边框，增强视觉效果。

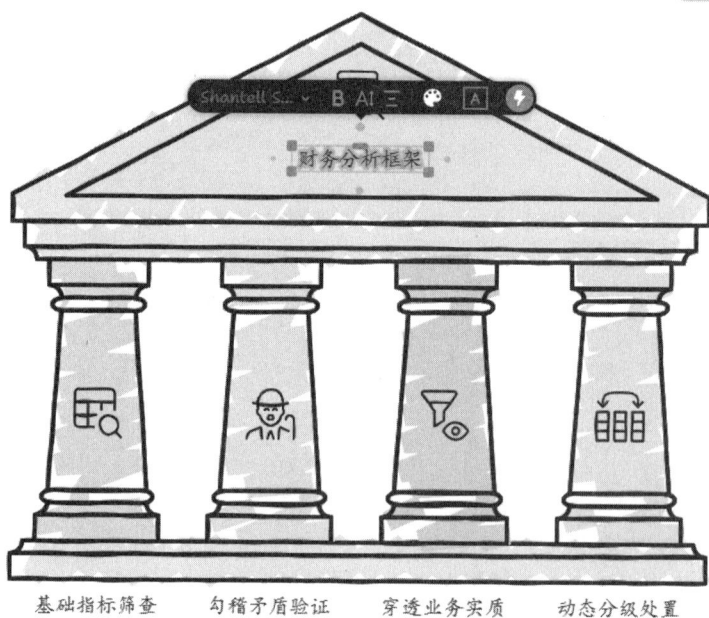

图4-34　修改字体格式

（5）下载逻辑关系图。如图4-35所示，选定所需的下载格式后，单击"Download"按钮，即可将图形下载到本地电脑。Napkin.AI提供了多种格式选项，以满足不同使用场景的需求。

- PNG格式：提供了普通模式和暗夜模式两种选项，同时区分了带背景和透明背景的图片。透明背景的图片便于融入各种背景图的PPT中，适合需要进一步设计的场景。带背景的图片更适合用作文章的配图，可以直接插入文档或网页中。

- SVG 矢量格式：便于在制图软件中进行进一步编辑，适合需要高精度和可扩展性的场景。

- PDF 格式：适合打印或分享，保持高质量的视觉效果。

图4-35 下载逻辑关系图

本章回顾

下面是针对本章内容的要点回顾，请选出正确的答案。

1. 单向流程是指萃取的经验要点之间存在清晰的时间顺序关系，且这种关系仅具有单向流动的特性。（正确/错误）

2. 复杂流程是指萃取的经验要点之间存在基本的单向线性流程关系，同时又在某一个或某几个环节中包含其他的逻辑关系的组合。（正确/错误）

3. 循环流程是指萃取的经验要点之间存在流程关系，同时这个流程的首尾相连形成了闭环。也就是说，流程中的最后一步和第一步没有任何关系。（正确/错误）

4. 并列关系是指萃取的经验要点内容不分前后，彼此之间是平等并列的逻辑关系。有时，我们在并列关系中会依据经验要点内容的重要程度进行简单的排序，但是这种排序仅代表哪一部分经验要点内容更重要。（正确/错误）

5. 重叠关系也是经常使用的一种逻辑关系。它体现了经验要点内容中的逻辑交叉，也体现了经验要点内容之间的彼此协作。（正确/错误）

6. 包含关系是指两个或两个以上的经验要点内容之间是一种由外而内的覆盖关系，或者是一种由内而外的发展关系。这些经验要点内容之间可能存在交集，也可能没有交集。（正确/错误）

7. 合力关系是指萃取的经验要点内容之间是一种彼此独立的逻辑关系。（正确/错误）

8. 平衡关系是指萃取的经验要点内容之间是一种内在对等的关系，是一种既要做好A面，也要做好B面，失去哪一面都会失去内在平衡的关系。（正确/错误）

9. 分割关系是从两个维度对同一事物进行深入分析的一种逻辑关系。（正确/错误）

10. 常用的包装方式有英文组合、数字连读、谐音连接、_____、形象类比。（穿针引线/形象连接）

Q&A参考答案

1. 正确

2. 正确

3. 错误

4. 正确

5. 正确

6. 正确

7. 错误

8. 正确

9. 正确

10. 穿针引线

第五章

Transfer传承落地，
推广经验普及化

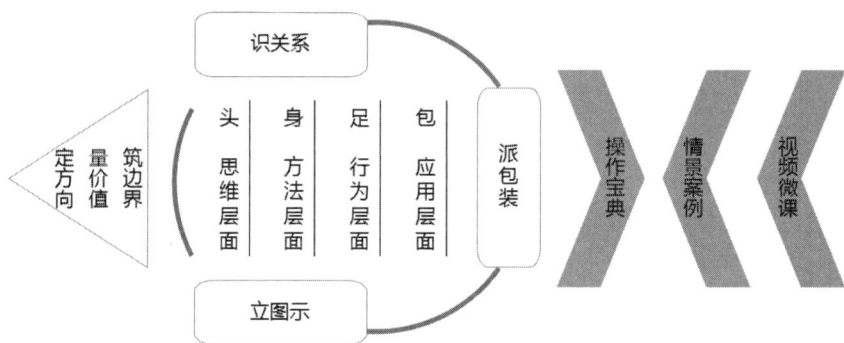

Blueprint	**E**xtract	**S**tructure	**T**ransfer
制定蓝图，岗位经验情境化	逐级萃取，隐性经验显性化	建模封装，显性经验形象化	传承落地，推广经验普及化

BEST高能经验萃取"鱼"模型

【本章经验导图】

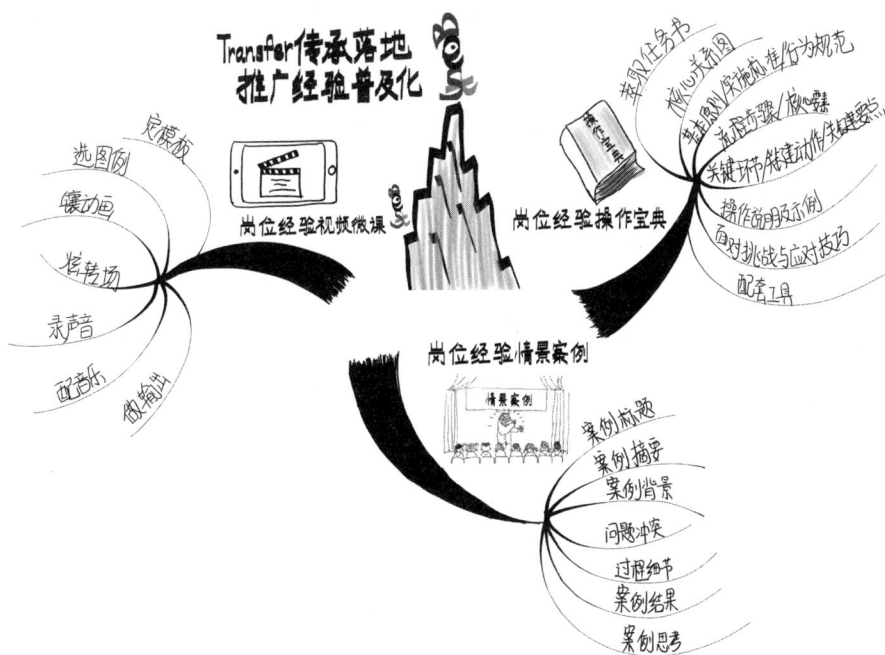

经验萃取的重点在于赋能，即将业务专家的经验萃取出来并赋予学员，使其能够运用这些经验，提升工作能力，从而达成绩效目标。接下来，我们进入第四步"Transfer传承落地，推广经验普及化"。

传承经验萃取成果的方式主要有三种。第一种是岗位经验操作宝典。这种方式将岗位经验进行流程化和系统化的输出，形成可复制、可传承的岗位操作手册，以便员工掌握经验的要点。第二种是岗位经验情景案例。这种方式将萃取的业务专家经验还原到工作情景之中，使员工在掌握岗位经验操作宝典的基础上，更好地理解经验所应用的真实情景。第三种是岗位经验视频微课。这种方式将操作宝典和情景案例制作成视频微课，借助视频和微课这两种媒介，使业务专家的经验能够得到更广泛的传播和传承。当然，经验传承的方式并不仅限于以上三种，企业可根据实际情况，采用更符合员工需求的方式。

➥ 岗位经验操作宝典

认知心理学家菲茨和波斯纳认为，技能习得包括三个典型阶段，即认知阶段、关联阶段和自主阶段。

技能习得的第一个阶段是认知阶段。学员对技能进行陈述性编码，即需要记住一系列与技能相关的事实，这些事实基本定义了执行任务的关键要素。例如，我最初学习手动挡车换挡时，必须记住各个挡位的位置以及离合器与换挡操作的正确顺序。同时，我还需要在操作过程中不断复述这些信息，以避免出错。

技能习得的第二个阶段是关联阶段。在此阶段，主要经历两件事：一是最初可能出现的错误理解会被逐渐发现并改正。例如，我逐渐掌握了挂一挡、松离合器和踩油门的协同动作，从而避免了启动时发动机熄火。二是成功操作所需的各种要素之间的联系被进一步强化。因此，我再也不需要停顿几秒来回忆如何从一挡换到二挡。通常情况下，关联阶段的结果是形成一个能够成功执行技能的程序。当这一阶段结束时，知识的程序性表征并不能完全取代陈述性表征，有时这两种知识形态可以并存。

技能习得的第三个阶段是自主阶段。在此阶段，整个操作过程变得越来越自动化和迅速。我们可以不假思索、自然而然地完成整个操作，并且很少出现错误。例如，随着驾驶技能的熟练，我甚至可以在开车时与他人交谈，并能够自如应对驾驶过程中的一些突发状况。

岗位经验操作宝典（见表5-1）是助力学员稳步度过认知阶段和关联阶段的"法宝"，也是帮助学员快速理解和掌握业务专家经验的关键。其中，流程步骤/核心要素、关键环节/关键动作/关键要点以及操作说明及示例，助力学员在认知阶段的成长。而面对挑战与应对技巧、配套工具两个部分，则助力学员在关联阶段的成长。对于自主阶段，学员需要在工作实践中，通过不断应用和练习来深入掌握该阶段的要点。

表 5-1　岗位经验操作宝典

任务名称		受众对象	
输入条件		输出结果	
业务专家		萃取时间	
核心关系图			
基本原则 / 实施标准 / 行为规范			

流程步骤 / 核心要素	关键环节 / 关键动作 / 关键要点	操作说明及示例	面对挑战与应对技巧

配套工具：

下面，我们来看一个岗位经验操作宝典的成功案例。

【案例5-1】如何完善招标入围单位资源库

房地产企业在项目开发实施过程中，常常面临项目周期短、施工质量要求高的问题。对于项目管理人员而言，完善招标入围单位资源库，确保项目按时、按质完成，保障资源的及时供应至关重要。通过对业务专家经验的萃取，我们形成了岗位经验操作宝典，如表5-2所示。

表5-2　如何完善招标入围单位资源库

岗位经验操作宝典			
任务名称	如何完善招标入围单位资源库	受众对象	公司合约部员工
输入条件	了解招标入围单位的条件； 熟悉入围单位需要提供的资料； 熟悉单位入围的基本流程； 有招标履约评价工作方面的经验	输出结果	各分项工程入围单位数量增加20%
业务专家	（略）	萃取时间	（略）

核心关系图

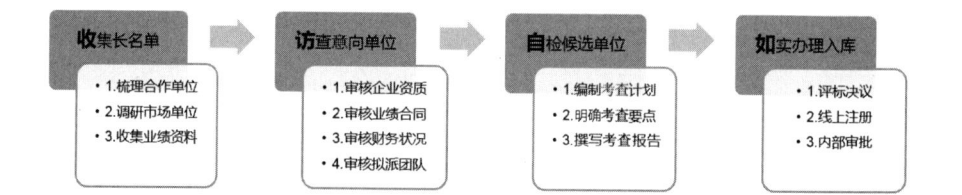

核心原则

市场调研充分，评估筛选严格，入库评定合理

流程步骤	关键环节	操作说明及示例	面对挑战与应对技巧
第一步： 收集长名单	1. 梳理合作单位	通过履约评价进行初步梳理。例如，依据年度、季度供应商评价得分，从评价等级为A、B、C的供应商中筛选候选单位	Q1：评价等级为D、E的供应商，能否作为候选单位？ A1：不能作为候选单位。 Q2：行业协会或分管部门推荐单位，是否可以直接作为候选单位？ A2：否，候选单位必须有类似业绩。 Q3：什么是长名单？ A3：长名单指的是符合初步招标条件的资源库
	2. 调研市场单位	通过行业协会网站（如消防行业协会网站等）寻找市场潜在合作单位。例如，梳理Top 20地产合作分包商名录，从中选取有类似项目业绩的单位，将其作为候选单位	
	3. 收集业绩资料	收集并复核候选单位的业绩资料。例如，要求候选单位提供业绩合同原件或复印件，并向原业主方收集业绩信息，包括项目位置、规模、建设时间等	

续表

流程步骤	关键环节	操作说明及示例	面对挑战与应对技巧
第二步：访查意向单位	1. 审核企业资质	通过企业查询软件查询单位资质及对应的注册信息，如法人、注册资本、股东、企业征信、法律风险等内容	Q4：是否有指定的企业查询软件？ A4：否。只要使用信用等级较高的企业查询软件即可
	2. 审核业绩合同	通过候选单位提供的业绩合同，确认业绩匹配度，从面积、建筑形式、高度等方面确认与招标项目的相似程度。例如，制作业绩对比表格（将本公司招标项目与候选单位提供的业绩进行对比），分析对比匹配度	Q5：无类似业绩，是否能作为候选单位？ A5：否。若参选单位过往操作的项目规模或难度大于招标项目，可视为具备相应资格。 Q6：面试拟派团队如中标，后期可否调整？ A6：原则上不支持中标后的人员调整。若因不可控因素确需调整，可申请重新面试，经面试合格后方可进行人员更换
	3. 审核财务状况	通过近三年的财务报表，审核候选单位的财务状况，要求其提供具有资质的会计师事务所出具的无财务风险审计报告，以证明候选单位的财务履约能力	
	4. 审核拟派团队	通过面试拟派团队，审核拟派团队的实力及项目主要管理人员的项目经历。选出经历较为突出、临场表现符合岗位职责要求且能胜任对应职位的人员，可依据考查评分表进行判定	
第三步：自检候选单位	1. 编制考查计划	编制考查计划表，明确考查目的及开始时间、完成时间、行程安排、交通方式等内容	Q7：考查过程中能否让候选单位负责安排车辆、餐饮等事项？ A7：考查过程中，应优先安排本公司车辆。严禁在考查期间接受候选单位安排的宴请或其他任何形式的餐饮服务
	2. 明确考查要点	明确考查要点。例如，公司办公环境、人员架构、在建工程情况、现场管控制度、合作单位评价等。通过办公环境，考查候选单位的规模；通过人员架构，考查候选单位的组织模式；通过在建工程情况，考查候选单位的市场占有率及认可度；通过现场管控制度及合作单位评价，考查候选单位的现场管控能力及服务意识（见考查评分表）	

续表

流程步骤	关键环节	操作说明及示例	面对挑战与应对技巧
第三步：自检候选单位	3. 撰写考查报告	通过考查小组成员的表决情况，确定候选单位是否合格，并撰写考查报告，为评标委员会做好汇报准备工作	Q8：考查要点是否有固定模板？ A8：有，但需要根据不同类型的单位编制，在基本因素不变的情况下突出本工程特点
第四步：如实办理入库	1. 评标决议	根据考查报告给出结论，确保数据准确且具有可评判性，组织评标会并进行决议。根据招标项目的招标类目，决定评标会是否需要邀请大区通过视频会议参加。例如，总包、园林、钢结构、幕墙、消防、精装修的招标需与大区进行视频定标会	Q9：公司网站注册的主责人是IT人员吗？ A9：不是。投标单位应自行完成网站注册。如有疑问，可联系网站技术支持人员，联系方式详见网站页面底部。 Q10：ERP申办流程超过项目时限怎么办？ A10：应提前开展线下沟通，以缩短线上审批时间；同时，需督促当前审批人员加快流程进度
	2. 线上注册	在公司内部网站进行注册，确认单位信息。按照网站提示，上传对应的资料附件，如营业执照、资质证书、业绩合同扫描件等	
	3. 内部审批	在ERP系统中进行审批，完成入围单位入库。在两个工作日内，关注审批流程中所有人员的签批进度，督促其完成，以提高审批效率	
配套工具：			
考查评分表（略）			

➡ 岗位经验情景案例

哈佛商学院于1921年正式采用案例教学法，其应用历史已近百年。1994年，案例教学法正式从西方传入中国。最初，这种教学法主要用于企业高层管理人员的培训。然而，随着案例教学法在中国的不断推进与发展，其应用领域日益广泛。

在萃取经验时，我们常以案例的形式传播经验。这是因为学员在学习新知识时，一个好的案例能够将他们带入预设的情景中，激发他们对经验的浓厚兴趣，从而让他们更深刻地体验业务专家应用经验的情景。

创设与经验相关的情景，通过案例传播业务专家的经验，这符合人类的学习特点。建构主义学习理论认为，学习是一种真实情景的体验，学习发生的最佳情景不应是抽象的。相反，只有贴近生活的情景才能使学习更为有效。教育心理学家加涅认为，人类的学习是复杂多样的，具有层次性，总是从简单的低级学习向复杂的高级学习发展。学习任何一种新的知识或技能，都应以已经习得的、从属于它们的知识或技能为基础。创设案例情景是为了帮助学员复习以往的知识，减少他们在学习新知识过程中所面临的困难。案例是创设学习情景的一种重要形式，是人们在生活及工作中所经历的、典型的、富有多种意义的故事陈述，是对人们所经历故事的有意截取。

简而言之，一个岗位经验情景案例是对一个实际情景的描述。在这个情景中，可能包含一个或多个冲突或问题，也可能包含解决这些冲突或问题的方法。学员在情景中学到的经验更容易应用于真实情景。同时，岗位经验情景案例还会为学员提供足够的思考空间，让他们自己获得经验，从而使其能够举一反三。一个完整的岗位经验情景案例需要具备一些案例素材，如表5-3所示。

表5-3 情景案例构思表

案例标题	标题应具有吸引力并反映案例的核心内容
案例摘要	通过一段话概括案例的主要内容，起到提纲挈领的作用
关键词	关键要点、关键信息等
案例背景	交代清楚事件发生的时间、地点、涉及的人物及原因等，与事件发生具有特别关联的背景因素要着重说明
问题冲突	好的案例应将学员带入某种问题或冲突中，这些问题或冲突包括达成任务时的挑战或难度、面对问题时的心理特征等
过程细节	介绍案例当事人采取的主要步骤和行动细节，并分析其这样做的原因
案例结果	案例当事人所达成的结果，采取行动后的直接结果，带来的后续影响等

案例思考	针对案例中出现的问题，做出专业的分析和解读，并给出系统的总结和指导

案例标题

案例标题是对案例内容和主题的概括与总结。一个好的案例标题能够起到画龙点睛的作用，激发学员的阅读兴趣，并直接反映所分享案例的主旨和内容。

从形式上来说，标题有单标题和双标题两类。单标题一般用一句话或一个短语来表达一种理念，进行一个判断，体现一种策略，说明一个道理，或提出一个问题。双标题包含主标题和副标题两个部分，副标题是对主标题内容的完善和补充。

从内容上来说，案例标题一般分为三类：任务名称类标题、观点评价类标题和比喻修辞类标题，如表5-4所示。

表5-4　案例标题分类及示例

任务名称类标题	如何与修理厂协商水淹车控赔 如何保证施工中钢筋的正常供应
观点评价类标题	赢在终端—三步打好销售终端保卫战 标准服务—打造品质物业
比喻修辞类标题	一"促"而就—五招制定男装节假日促销方案 "菜鸟"捕鱼记—四步营销信用卡分期客户

（1）任务名称类标题。这类标题一般与经验的名称保持一致，突出案例中的问题和冲突，让学员直观地感受到案例中的主要矛盾，从而提高学员的阅读兴趣。

（2）观点评价类标题。标题中应包含所举案例传达出的核心观点，以此突出案例的核心价值，让学员在阅读案例之初便知晓案例写作者想要表达的观点及所持有的态度。

（3）比喻修辞类标题。标题不仅要体现案例的核心价值，还要对其进行关联类比，让学员更深刻地认知和理解案例的内容。

案例摘要

摘要是建立在对案例进行总结的基础之上的，用简单、明确、易懂、精辟的语言对全文内容加以概括，提取案例的主要信息。

摘要是对SPOR四类核心要素的简要描述：第一类是案例背景摘要（Situation），其中包含时间（When）、地点（Where）、人物（Who）、事件（What）；第二类是问题冲突摘要（Problem），是指在案例中体现的那些核心的冲突或问题；第三类是过程细节摘要（Option），是指在案例中采取的应对措施和方法对策；第四类是案例结果摘要（Result），是指案例最终产生了什么结果，可以是成功的结果，也可以是失败的结果。

摘要的一般格式：_____（时间），_____（地点），_____（谁），发生了_____（什么事件），遇到了_____（什么问题），采取了_____（哪些基本措施），产生_____（什么结果）。

关键词

在案例中标识关键词，旨在精确提炼核心要点。它能够迅速展现案例的关键信息，便于读者迅速锁定关键内容，并且有助于案例在检索系统中被精确识别，从而提高案例的传播和应用效率，促进信息的高效流通和知识的传承。

关键词用法规范

（1）数量。通常而言，每篇文本适宜选取 3~8个关键词，一般以5个左右为佳。

（2）排列规则。若存在多个关键词，其间可采用"分号""逗号""空格"予以分隔。同时，需依据词条的外延（即概念范围）层次，按照从大到小的顺序进行排列。

（3）词性要求。关键词多为名词性的词或词组。在极为特殊的情形下，也会出现动词性的词或词组。

关键词选取方法

在正文中出现频率较高且具有关键意义的词，可作为关键词进行选取。

【案例5-2】如何确定进出口企业融资方案

近期，某支行网点客户经理小姜在对辖区内某网点存量客户进行挖掘的过程中，发现某电缆制造企业在该行的结算量较大，但该行尚未为其配套贸易融资产品，与客户的合作尚不够深入。首先，小姜通过查询企业的基本信息并上门了解其业务情况，同时精准把握客户的业务需求点；接着，小姜制定了一套全面的融资方案，以专业的语言向客户介绍各业务环节中的融资产品，成功激发了客户的兴趣；最后，小姜针对客户提出的方案要求，深入研究管理办法，向专业人士寻求意见，有效控制业务风险点，确保融资方案顺利落地执行。

一般情况下，只有复杂案例才需要撰写案例摘要，简单案例可以不撰写案例摘要。案例是否复杂主要看案例的冲突数量，1~2个冲突的案例属于简单案例。

案例正文

岗位经验情景案例不同，案例格式也会有所不同，这种不同体现在两个方面。一方面是经验的复杂程度。经验是否复杂取决于经验的"身：方法层面"和"足：行为层面"。对于简单经验，采用剧情引导式案例格式；对于复杂经验，采用方法嵌入式案例格式。另一方面是经验的类型不同。应用类经验的案例和人际类经验的案例撰写方式不同，应用类经验的案例适合使用描述性语言，而人际类经验的案例更适合使用对话形式。

剧情引导式案例

对于剧情引导式案例，首先通过案例背景的介绍，展现案例的核心冲突，然后针对核心冲突展开描述处理细节，最后对案例给出的经验进行总结。这类案例主要突出的是冲突处理的过程细节，并未在案例中对解决方法进行深入剖析。这种案例格式运用简单的事实创造情景，使用引人入胜的简捷手法，通过"先叙后议"的方式，或勾勒形象，或摆出事实，以引起学员的兴趣和注意，从而把学员引到经验学习的轨道上。

【案例5-3】如何解决因插队问题引起的客户投诉

案例背景

一天下午，客户李先生前往某银行网点办理一笔1500元的快速汇款业务。李先生取号后在大堂等候。当时，办理金卡业务的客户较多，贵宾理财室也出现了排队现象，大堂经理正在对客户进行有序疏导。突然，一位贵宾客户从门外冲进来，当他看到贵宾理财室的排队情况时，立刻皱起了眉头。大堂经理迎上去询问，得知该客户需要办理一笔转账业务，但由于要赶飞机，因此没有时间等候。大堂经理观察到办理储蓄现金业务的普通客户并不多，便和储蓄员打了招呼让其暂停叫号，然后将该贵宾客户引导至储蓄窗口，让其优先办理了转账业务。这种处理方式引起了正在大堂等候叫号的李先生的强烈不满。他认为大堂经理没有给等候叫号的客户以充分的解释，擅自帮助客户插队办理业务。大堂经理当场进行了道歉和解释，但李先生仍不接受，并认为大堂经理对其存在歧视和偏见。

正在双方相持不下时，叫号窗口轮到了李先生。只见他满脸怒气地来到柜台前，将1500元现金递进窗口，同时拿了一整本存款凭条开始填写，边填写边不停地往窗口里递送。储蓄员拿起凭条一看，上面写的全是存款"1元"。于是，储蓄员连忙站起来询问李先生需要存款的数额。李先生愤愤地说："我是小客户，就1元1元地存，总共是1500元，怎么了？不能存吗？"此时已临近下班时间，但在大堂等候的仍有一些客户。李先生占据着一个柜台，一边不停地填单，一边大声发泄着不满，此举一度造成了大堂秩序的混乱。储蓄主管解释和劝说无果，在请其到洽谈室也遭拒的情况下，将此情况报告给了分管行长，并向其请示是否可以认定李先生为无理取闹，是否需要报警。

问题冲突

1.如何防止事态继续扩大？

2.如何缓解客户的愤怒情绪？

3.如何得到客户的谅解和认可？

过程细节

分管行长当时正在外面谈项目。在听取了储蓄主管的报告后，他一方面在电话中要求储蓄主管耐心向客户道歉，稳定客户情绪，不能简单地以报警的方式处理，以免扩大影响；另一方面，他加紧赶回银行继续处理此事。同时，在回银行的路上，他先电话联系柜员，初步了解到李先生是某IT公司的部门经理，属于该行的潜力客户。

回到银行后，分管行长看到李先生仍在大堂生气，周围聚集了不少围观的人，大堂经理和储蓄主管显得有些束手无策。分管行长直接走到李先生面前，以熟络而热情的语气和李先生打招呼："李经理，您好！正想去公司拜访您，见到您太好了，到我办公室谈谈吧！"李先生颇感诧异，没想到分管行长对他如此熟悉。在众目睽睽之下，他也不好再"赖"着不动了。

在办公室里，分管行长真诚地向李先生致歉，表示将进一步改进服务、加强培训，并请李先生监督。他看到李先生随身携带一部笔记本电脑，便随即向他介绍该行的相关产品，如网上银行等，并告知这笔转账业务实际上是可以通过网上银行办理的，以后无须到网点排队。分管行长当场在自己的电脑上为李先生演示了专业版即时汇款的流程，并带李先生到柜台开通了相关功能，协助他在笔记本电脑上进行了程序安装，即时将1500元汇款业务处理完毕。

案例结果

李先生此时已无怒气，并对该行的产品产生了浓厚的兴趣。在送李先生出门时，分管行长与他约定了下次拜访的时间。通过后续的多次跟进和联系，李先生所在的公司在该行开通了代发业务，同时，他本人也很快成为该行的金卡客户。

案例思考

通过以上案例我们可以看到，贵宾客户插队是引发投诉的焦点。站在普通客户的角度来看，贵宾客户在普通区插队，引起他们的反感是很正常的。在处理这一事件中，有以下几个方面是值得肯定的：

（1）领导高度重视，分管行长亲自处理，投诉处理及时，有效避免了投诉的升级。

（2）充分准备，分管行长提前了解客户的基本情况，这不仅有利于与客户进行有效沟通，也让客户感受到了尊重。

（3）以真诚的态度打动客户，同时转移客户的注意力，例如建议客户采用手机银行或者网上银行等操作方法，有效避免了排队等候的现象。

（4）跟进服务，最终让投诉客户成为金卡客户。

在工作中，类似的案例并不少见，"与其补救于已然，不如防患于未然"。为了避免类似情况的发生，我建议采用以下三种方法：

方法一：银行工作人员应多关注客户感受，提前做好解释工作。在解释时应注意以下几点：避免透露客户的贵宾客户身份；突出问题的紧急性，尤其要对下一位即将办理业务的客户表示歉意，同时告知其他客户，如果他们面临紧急情况，同样可以优先办理，让客户感受到尊重。

方法二："先内后外"，银行应尽量通过内部调整来预防突发问题。在普通区客户不多的情况下，可以调一名普通区储蓄员临时到贵宾区办理该笔业务，同时仍需要做好解释工作。建议银行制定突发事件应急预案，以应对在客流高峰期客户需要提前办理业务的情况；支行可制定相应办法，如设置机动窗口并安排相关人员，处理问题时应遵循"急事急办、特事特办、难事巧办"的原则。

方法三："服务创造价值"，大堂经理在帮助客户解决问题时，应积极向其推荐网银专业版或引导其通过自助渠道办理转账汇款，避免再次发生类似的紧急情况。

首先展现案例原貌，然后系统地总结案例中的技巧和方法，这是剧情引导式案例的撰写特点，也是我们在撰写案例时经常采用的一种结构。相比其他案例形式，剧情引导式案例的撰写难度要低一些，因为其主体冲突单一，且过程简单。

方法嵌入式案例

方法嵌入式案例是指在叙述某一件事的同时，对这件事进行解决分析。这种方法既能具体地叙述人物和事件，又能揭示所写对象处理冲突和问题的过程。在案例中，冲突和细节的关系是：冲突问题是铺陈，过程细节是延展。在方法嵌入式案例中，通常会存在多个冲突问题和过程细节。在撰写案例的过程中，我们需要能够运用描述性语言完善每个冲突问题的过程细节，将学员带入业务专家解决冲突问题的情景中。

📄【案例5-4】"菜鸟"捕鱼记—四步营销信用卡分期客户

内容摘要

3月底的一天，某银行市东支行个金部员工小李在营销信用卡客户分期业务时，遇到了面对大量客户数据不知如何筛选和营销的问题。在业务经理老张的指导下，小李不仅使网点保住了信用卡客户分期业务第一的排名，还学会了"备好网—撒密网—捞大鱼—捕小鱼"的四步营销秘诀，从一名"菜鸟"成长为能够独立"捕鱼"的业务"大拿"。

案例背景

3月底的一天，某银行市东支行的个金部办公室里异常安静。老张一走进办公室就看见个金部员工小李正对着电脑发愁。市东支行信用卡客户分期业务一直在辖区内排名第一，老张是负责这部分业务的业务经理，因为突出的业绩被选派到总行参加经验交流大会，走之前将工作交接给了刚转岗到个金部三个月的小李。没想到短短一个月，市东支行的信用卡客户分期业务被之前排名第二的市西支行追平。个金部主任在行长面前立下军令状：保住一季度信用卡客户分期业务第一的排名。个金部主任在调度会后要求小李想办法将信用卡客户分期业务的业绩提上去。小李作为新人，平时工作十分努力，但业绩迟迟上不去。眼看还有不到一周就到季末了，他准备加班加点进行营销。但当他打开信用卡分行客服系统，看到仅仅两个账单日就能导出的

500多名客户时，他十分沮丧，不知从哪里开始，也不知剩下的这几天又能成功多少……

问题冲突+过程细节（1）"备好网"是捕鱼的前提

老张的回归解救了小李。在老张的指导下，小李收起沮丧的心情，鼓足精神准备再战。他首先登录信用卡分行客服系统，然后将最近两个账单日的客户数据导出，并保存为Excel文件。当小李满怀信心地打开Excel文件准备尝试按照老张的指导进行操作时，他却看到客户身份证号码和银行卡号都是一堆科学记数法的乱码，这让他不知所措。

老张告诉小李："导出时要将数据格式设置为文本格式，只有这样才不会出现数据乱码的问题。"老张语重心长地教导小李："工作无小事，数据表格就好比捕捉客户的渔网，备好网是捕鱼的前提，不能因为操作简单就忽略细节。"

问题冲突+过程细节（2）"撒密网"要漏水不漏鱼

小李重新导出了表格，打开后准备先别除部分客户数据。按照老张的指导，需要先别除黑名单客户，这样就能一目了然地看到有标注涉嫌套现的客户。于是，小李首先将他们别除。接下来，如何找出其他黑名单客户呢？小李再次询问老张，老张很不好意思地表示自己忘了将黑名单客户的数据传给小李。

原来，老张工作多年收集了一些黑名单客户，这些黑名单客户明确拒绝分期业务，他们甚至曾因为各种渠道的分期营销而产生投诉行为。老张也建议小李平日多收集，并单独建立黑名单客户名单，避免引起麻烦。

在将这些黑名单客户别除后，小李又别除了因持有多张卡重复出现的客户和根本不可能办理分期业务的客户。按照老张的经验，年龄超过55周岁、额度大于5万元但消费低于1万元、本期消费金额与分期额度对比占比低于20%的客户往往没有太大的营销价值，他们办理分期业务的概率非常低。在老张看来，筛选客户时要广撒密网，将水漏出去，将鱼留下来，这样才能提升营销效率。

问题冲突+过程细节（3）"捞大鱼"要快、准、狠

在初步筛选了客户数据后，500多名客户仅剩下了一半，但对这一半客户全部进行营销的工作量仍然很大。老张随后又指导小李关注高成功率的客户，这些是首要目标客户。老张根据以往的工作经验，判断有分期经历的客户更容易办理分期业务以解决自身资金周转问题，他建议小李把这些客户作为首要目标客户。虽然这些目标客户的比例并不高，仅占全部数据文件的5%左右，部分客户还因为分期额度被占用而当月不能办理，但这样一小波营销下来也是收获颇丰，为行内贡献了不少中收（中间业务收入）。

小李经过老张的指导后，营销成功率提升了许多。之后，他按照老张的建议，对近期使用最低还款额还款的客户和突发大额交易的客户进行营销。虽然这些目标客户的数量仅占全部数据文件的10%左右，且只花费两天时间就能逐一营销完毕，但这些目标客户所贡献的分期额却使业绩显著提升。此时，小李对老张所说的"识别客户就如捕鱼，要先捞大鱼，动作要快、准、狠"极其信服。

问题冲突+过程细节（4）"捕小鱼"要一个不漏

很快到了3月的最后一天，小李在得到个金部主任的表扬后，干劲更足了。然而，当他看到月末没有产生新的账单数据时，他又有些不知所措了。按照老张所教授的"捕鱼"技巧，备好网是捕鱼的前提，但没有新的数据产生，又该如何捕鱼呢？

老张听了小李的困惑后，告诉他："捕完大鱼不松懈，面对小鱼不漏空。"这是什么意思？老张让小李调出之前几天用过的数据表单，并告诉他还有一些有意向的客户被遗漏了："我们要把他们捞起来。你先试试营销28周岁以下、额度为1万元以下的客户，并给出如下优惠活动：近期首次办理分期业务送积分，积分可以兑换星巴克咖啡。"

小李按照老张的指导，将信将疑地进行了营销。结果，很多年轻人接受了，因为他们认可星巴克咖啡这个品牌。老张又亲自示范了如何营销快到还款日还未全额还款的客户。这些客户往往有全额还款的压力，但通过老张的

介绍，很多客户最终办理了分期业务。

案例结果

在3月份工作结束后，市东支行的信用卡客户分期业务依然稳稳地排在第一名，甚至大大超过了第二名。小李得到了个金部主任的表扬，他对老张充满了感激。老张的指导不仅使网点保住了信用卡客户分期业务第一的排名，还帮助小李学会了如何快速识别信用卡分期业务的目标客户，使他从"菜鸟"成长为能够独立"捕鱼"的能手。老张不愧是一个信用卡客户分期业务的"大拿"！

案例思考

在此案例中，老张将"捕获客户"的诀窍类比为"撒网捕鱼"，并对其进行了深入浅出的形象描述，从而使小李能够迅速运用这些经验并总结提炼出自己的技巧，从一名个金部门的新手快速成长为信用卡客户分期业务的"大拿"。而这些步骤可以通过以下的口诀来快速记忆：

第一步，"备好网"准备数据，登系统—导数据—存文件。

第二步，"撒密网"筛选数据，剔黑户—剔重复—剔低效—重排序。

第三步，"捞大鱼"设立目标，旧分期—低还款—额占满。

第四步，"捕小鱼"挖掘潜力，年轻人—观念新—迟还款。

由此可见，这种"夹叙夹议"的嵌入式案例的撰写方式，对于学员来讲，既有情景代入感，又符合"学用结合"的认知规律，是学员非常喜欢的一种案例呈现方式。

人物对话式案例

人物对话式案例是以人物之间的对话为主线来推进案例中的冲突展开和过程发展的。此类案例适用于销售、服务、管理、辅导等以人际交往为主要工作情景的任务。

【案例5-5】如何处理难缠唠叨客户的投诉

案例背景

5月10日下午6点，某保险公司客服人员姗姗（以下简称客服）接到客户王先生的投诉电话。

客服：王先生您好，请问您的车牌号是多少？是被保险人本人吗？

客户：我的车牌号是××××，我不是你们的客户，你们的客户在3月份撞了我的车，听说你们已经结案了，但我至今都没有收到我的理赔款。我要投诉你们！

客服：王先生您好，经系统查询，该案件确实已经结案且理赔款已赔付给被保险人。请问，您需要我们为您解决什么问题？

客户：你们的客户没有把理赔款给我，我现在也联系不上他，我只能找你们，你们要把我的损失赔偿给我！这件事情已经拖了这么长时间了，你们今天必须给我一个交代！

客户说明投诉事项后，已经过了5分钟，情绪非常激动。

问题冲突+过程细节

客服：王先生，您的心情我能理解，如果是我长期没有收到理赔款我也会着急。

客户：我不想听你说这些话，总之，你们的客户撞了我的车，然后就没人管我了，我现在不管那么多，就是要你们把钱赔给我！你不是能理解我的心情吗？我现在非常着急，你们今天必须给我解决这个事情！

客户一直在阐述事件经过……

客户在线时长已经10分钟了，超过了正常通话时间，但客户仍在不停地抱怨……

客服：王先生，您的意思我明白，我们已经受理了您的投诉。投诉处理流程一般需要三天才能完成，但由于您的情况比较特殊，等待的时间也比较长，我们会及时反馈给相关机构，尽快核实情况，尽早为您解决！但是现在是下班时间，可能没有办法及时为您核实解决，您看明天上午我一上班就帮您联系相关机构，尽快为您解决处理，明天一定给您回复，可以吗？

客户：还要等到明天？我等了这么长时间，你还要我等！

客服：王先生，您的顾虑是对的。但是投诉的处理时效不是随意定的，我们处理每一个投诉都需要进行详细核实和判断责任的过程，这个过程是需要一定时间的，只有这样才能保证我们的处理结果是客观公正的。这也是为了最大化提升您的满意度，并对您负责。

客户：你不要和我说这么多，我不是跟你说过了吗，我的要求很简单，就是把我的理赔款给我，你们的车主不管我了，但是你们是保险公司，你们必须要赔我！你们今天必须给我解决！

客户不依不饶，继续抱怨，这时客户已在线近40分钟了。现在是下班高峰期，如果不尽快解决，只会使客户越来越激动，更重要的是会影响高峰期的接通率。

客服：王先生，您先不要激动，请允许我说两句话，好吗？首先，按规定理赔款是必须打给被保险人的，只有在案件未结案且被保险人同意并授权的情况下才能够直接赔付给第三者，这是为了保障被保险人的利益。理赔款的赔付标志着我们完成了工作，至于您的理赔款，其实是您和车主的纠纷，与我公司没有直接关系，并且我们不是执法机关，无法要求车主把钱给谁或不给谁。您说对吗？所以按理说，您的诉求是不在我们的受理范围内的，但尽管这样，我们考虑到您的实际情况，仍然受理了您的投诉，是想帮助您尽快得到理赔款，这也是在梳理我们的理赔流程，找到可以优化的地方。其次，现在已经是下班时间，相关工作人员已离开办公室，没有办法及时、快速地帮助您核实案件的进展情况，就算是我的领导来处理，他也需要对案件过程有一个详细的了解后才能进行处理。明天一上班，我就把您的问题作为加急投诉发送至相关机构，以便其第一时间收到您的投诉，并加紧处理解决。这也是为了帮您更好地解决问题，如果您一定要现在有个结果，那么处理的过程一定是匆忙的，最后的结果您也不一定满意，您说对吗？您看，现在已经是6点多了，也快到饭点了，您忙了一整天，应该也饿了，需要补充一下能量，补充能量后才能更好地来要理赔款，对吗？

客户：……那你能保证明天肯定会有工作人员跟我联系并解决问题吗？

客服：当然！我叫姗姗，工号116号，我承诺明天上午10点前一定有工作人员联系您并帮助您解决问题。如果超过10点仍然没有工作人员与您联系，您可以直接拨打客服电话与我联系，我会全程帮助您沟通协调处理，您看可以吗？

客户：……那我就相信你一次！

客服：王先生，感谢您的信任！我再将您的投诉事项和诉求简单复述一遍（叙述投诉事项和诉求）。您看还有没有需要补充的地方？

客户：没有了，你记得很清楚，那就麻烦你尽快帮我处理一下！确实太久了！不好意思说了这么长时间，也耽误你吃饭了！

客服：这是我们应该做的！王先生感谢您的来电，再见！

案例结果

通过努力，最终客户选择同意客服人员的处理方案，并对客服人员的服务态度表示了赞赏。

案例思考

通过以上案例我们发现，在处理难缠唠叨客户的投诉过程中，客服人员除了保持耐心地解答和表达同理心，还需要找到切入点，掌握话语权，在处理投诉的过程中尽量使用封闭式问题，不要使用开放式问题。只有这样，才能控制通话时间，掌握节奏。在案例中，客服人员在这一点上做得很好，这也是她最终取得客户谅解并使客户同意其解决方案的关键。

在处理这类投诉时，我建议大家采取以下解决方法。

第一步，感知客户（感）。向客户询问车牌号等保单信息，明确客户的投诉对象，并询问客户需要什么样的解决办法及处理时效。如果客户不是被保险人本人，应先对客户的第三者身份表示接受，将其视同被保险人处理。对于第三者未收到理赔款的情况，应对客户的描述表示肯定，并做好相关记录，同时耐心解释打款流程，争取客户的谅解。当客户无法提供标的客户信息时，对客户无法提供信息表示接受，新建第三者信息，主动帮助客户受理登记。当投诉对象对规则不满时，表示会对每个环节进行逐一核实，对可能出现的问题或对出现问题有影响的责任人进行问责或警示处理。如果客户要求的处理时效超出规则范围，应该对客户要求的时效表示理解，并表示会加急处理，但仍需要解释时效的规定是公司对客户投诉重视程度的体现，是为了更好地解决客户的问题，提升他们的满意度。话术如下："我和您一样，也希望我公司的理赔服务可以让您更满意，提升您的服务体验。我会立即就您反馈的这个情况进行跟踪调查，但需要您给予我一些处理的时间，结束通话后，我会立即帮您联系相关问题的紧急处理人，由他们进行处理，今天我下班前会给您回电并告知您事件的跟进处理情况，您看可以吗？"

第二步，认同感受（同）。使用礼貌用语，安抚客户情绪，对客户的愤怒和激动表示理解。学会换位思考，对客户的处境表示认同并对其进行安抚。例如："如果我遇到和您同样的情况，我也会感到不满。"当客户不接受安抚时，可以选择适当安抚，多倾听并及时回应，让客户感受到自己的问题被重视。当客户对理解和安慰性的话语表示反感时，尽量使用客户能接受或认同的语言，复述客户诉求，增加客户认可程度。例如："您刚才的意思是……，您刚才投诉的内容是……，您要求的解决方法是……"当共鸣引起客户不停地发泄，从而使局面难以控制时，要找到切入点并夺取话语权，尽量使用封闭式问题而不是开放式问题，掌握主动权并适时结束通话。例如："抱歉打断您一下，您是不是需要我们……，为了不耽误您的投诉处理时间，我现在立即帮您联系相关处理人并核实跟进，您看行吗？"

第三步，申诉流程（申）。确认案件是否结案支付，被保险人是否已经收到第三者赔款，了解被保险人未支付第三者赔款的原因，告知客户投诉处理流程及投诉处理时效。在非工作时间，案件处于理赔状态，应委婉告知客户非工作时间，相关责任人未上班，理赔情况无法在线核对，需后续跟进核实。在被保险人因个人原因拒绝支付第三者赔款时，应告知第三者被保险人与公司的关系，我公司无法控制被保险人的行为，但可以尽量协调处理。

遇到客户对投诉处理时效不满时，委婉地告知投诉处理需要有一个严谨的核实过程，不是通过一个电话或一条信息就能完成的，但仍然会尽快为客户处理，积极跟进并回复。

第四步，授予方案（授）。告知客户我们将在次日工作时间与相关机构沟通并确认案件处理状态，联系被保险人了解未赔付的原因，检视赔付环节是否存在客户所描述的问题，并将投诉处理结果及时告知客户。在不能立即解决客户问题使客户不满情绪上升时，采用同理心方式安抚客户，并认同客户的感受。例如："我和您一样，我也希望可以为您提供更优质的服务……"如果被保险人拒接电话，拒绝和第三者进行沟通，应尽力协调处理，并将沟通结果及时告知客户。如果客户的要求超出规则范围，首先对无法满足客户超出规则范围的要求表示歉意，然后表示只能在规则范围内为其服务，后续会对客户提出的问题进行复议和优化。遇到客户反复发泄不满的情况时，应该对客户给予人文关怀，表示客户的诉求我们已清楚明白，我们将及时处理客户诉求。例如："您说的问题我们已经了解了，现在时间也不早了，您说了这么多一定口渴/饿/困了，希望您好好休息，感谢您给予我们足够的处理时间……"

对以上的人物对话式案例进行学习和总结，将有助于我们正确处理难缠唠叨客户的投诉。在处理其他类型客户的投诉时，我们也可以通过"感""同""申""授"的方法来更好地解决客户投诉，提升客户满意度。

通过这个案例，我们可以看到，人物对话式案例和剧情引导式案例的撰写方式比较类似，都是先叙后议。它们的区别在于：人物对话式案例以两人或多人的对话形式对案例冲突和过程细节进行描述；人物对话式案例的文字描述更加口语化。在撰写人物对话式案例时，要时刻注意对话中彼此的称呼和前后顺序。

这三种撰写方式是我们传承经验的常用方式，大家可以根据经验的类型和经验的复杂程度进行选择，其核心问题是如何通过创设案例情景帮助学员学习经验和运用经验。

在撰写案例的过程中，为了避免涉及企业现有的人和事，也为了避免信息和数据等企业机密外泄，从而影响当事人的职业生涯或现有工作环境，我们可以对案例中的敏感信息进行适当处理，如人物姓名、企业名称、地址、电话、特殊日期、经营数据、管理资料、特殊产品名称等。在撰写案例的过程中，我建议运用更改信息、隐去关键名称、乘以系数等方法进行处理。

➡ 岗位经验视频微课

岗位经验传承落地的第三种方式是岗位经验视频微课。常见的岗位经验视频微课类型有三种：第一种是讲解式视频微课，即当事人或讲师对着镜头讲述案例的经过和结果，并借助语言和道具等展现萃取出的业务专家经验；第二种是情景还原式视频微课，即通过真人表演再现案例的经过和结果，并在视频中展现和讲解萃取出的业务专家经验；第三种是PPT视频微课，即通过GIF人物或实景照片来还原案例中的主要情景，并以播放PPT的方式再现案例情景和业务专家经验。

讲解式视频微课，借助授课视频展现丰富内容，但需要专门的演播环境和设备，环境造价高，拍摄效率低。情景还原式视频微课，由于形象生动、有情景代入感，深受学员喜爱，但拍摄过程需要多人共同完成，后期编辑也需要专业人士的配合，拍摄和制作成本都很高。PPT视频微课，通过GIF人物或实景照片来还原案例中的主要情景，能够满足学员的需求，且制作成本也比其他两种方式低。下面将重点介绍PPT视频微课的制作。

PPT视频微课的优点如下：

（1）软件学习成本低、上手快。大多数企业员工对于PPT的基本制作方法还是比较熟悉的，因此他们无须从头学起。

（2）素材丰富，输出形式多样化。目前国内外知名的PPT素材网站有上百家，而且大多数网站还提供丰富的免费素材，这为制作PPT视频微课提供了资源保障。

（3）分页制作，可随时修改，输出效率高。用PPT制作岗位经验视频微课，能够实现分页语音录制、单独页面修改、一键整合视频输出，大大缩短了微课脚本的准备时间，降低了制作微课的难度。

需要注意的是，在制作PPT岗位经验视频微课时，我们需要使用PowerPoint 2010以上的版本。录制时，我们可以使用电脑自带的麦克风，为了使录制效果更好，也可以使用独立麦克风。

接下来，我详细介绍PPT视频微课的制作流程，如图5-1所示。

图5-1　PPT视频微课的制作流程

定模板，简约大方

制作视频微课的PPT模板应简约大方。我建议将幻灯片的背景颜色设置为单色，并将与内容主旨无关的修饰元素统统去掉，只保留必要的内容即可。这种简约风格的单色背景具有以下优点：单色背景容易在视觉上达到留白效果，使重点内容清晰明确；从网络上下载的很多无背景图片，无须处理就能与幻灯片的单色背景融为一体；单色背景的视频微课，更容易使学员集中注意力。

录制视频微课的PPT模板建议采用16：9的显示比例。由于人的瞳孔形状是接近长方形的，长宽比接近16：9，因此16：9的版式更符合我们的审美。在传统的4：3窄屏画面里，每页的内容只能围绕一个中心点进行布局，画面略显局促；而在16：9的宽屏画面里，画面可以左右布局，可以有两个中心，能够实现两个画面甚至多个画面的同步演示，如目录和内容的同步变换、观点和论据的同步变换等。在16：9的宽屏画面里，导航、观点、解释和论据都能够依层次摆放，且不显得拥挤。

这里需要着重提醒的是，制作宽屏PPT视频微课时，应在开始制作前将显示比例修改为16：9。如果在添加内容后再进行修改，会导致图片宽高比改变、图片失真。修改的方法是：打开菜单中的"设计"选项卡，选择"幻灯片大小"，在下拉菜单中选择"宽屏16：9"模式，如图5-2所示。

图5-2　如何设置16：9的显示比例

选图例，配合到位

每张幻灯片都应尽可能做到图文并茂。制作视频微课比制作普通PPT的要求更高，图片和文字需要经过精心构思与合理排版，而不是简单地堆砌。要对每张幻灯片的文字进行提炼、精简和拆分，力求做到重点突出和主题明确。在幻灯片中呈现文字时，建议使用对比的手法，强调关键词和关键句，以增强视觉效果，让学员一眼就能看到本张幻灯片的核心内容。常用的强调和突出文字的方法有加粗、放大、变色和加特效等。

在为PPT配图时，要求图片内容必须与PPT中展示的内容所传递的观点保持一致。从左右脑的分工来看，经验中的方法和技巧属于左脑分工的逻辑性内容，而配图属于右脑分工的图像化内容。在PPT中配图是为了让学员从感性的角度去理解每张幻灯片中所讲授的内容或观点，帮助学员更好地理解和记忆讲授内容。在此，建议大家配合使用一些GIF人物动画或实景图片（将其作为内容引导元素），如图5-3所示。

图5-3　图文配合到位

镶动画，效果合理

在制作PPT视频微课的过程中，为了吸引学员的注意力，我们要为幻灯片中的文本和对象设置合理的动画。在PPT视频微课中设置动画有三个目的：一是让学员的目光始终聚焦在当前页面，变被动阅读为主动欣赏，从而保持思维与注意力的同步；二是实现旁白与文字音画同步的效果，让视频内容的呈现清晰、准确；三是让画面显得生动活泼，从而增加视频微课的观赏性和艺术性。

很多PPT视频微课的制作者为了显示自己的能力，经常在页面中为文字和图片设置大量动画。这样做出来的效果看起来可能不错，但实际上真的是这样吗？首先，我们要知道PPT视频微课的主体是什么？对，它的主体是案例情景和业务专家经验！如果在PPT视频微课中设置了大量的无关动画，就会不可避免地干扰学员对内容本身的关注，甚至过多的动画会让学员错过重要的内容。

在制作PPT视频微课时，动画通常有三种用途。第一，展示流程。在涉及有关步骤、流程、阶段的内容时，我们可以通过动画来逐条显示。第二，提问思考。有时在一页内容中既包含对学员提出的问题，又包含解答这个问题的答案。如果不设置动画，就需要多做出一个页面，这样会使视频变得页面过多且逻辑不清。第三，突出重点。通过设置不同效果的动画来吸引学员的关注，从而达到突出重点内容的目的。

PPT视频微课的动画设计要简单合理。简单是指使用出现、飞入、擦除等最基本的动画效果即可；合理是指文字进入画面的方向应符合人们的阅读习惯，动画进入的路径尽可能短一些，且在播放动画的过程中，各项内容不要互相干扰。

炫转场，层次丰富

转场是指PPT放映时切换页面的一种特殊设置，它增添了两个页面之间衔接的过渡效果。设置切换效果，可以动态引出每一页的内容，也可以用于强调某几页的内容。另外，在编辑PPT视频微课时，经常出现两段需要连接但场景不一样的页面，添加转场后就会比较自然，制作出来的视频观看起来也会更加流畅。

在PPT中，可以通过菜单中的"切换"选项卡来选择转场效果，如图5-4所示。

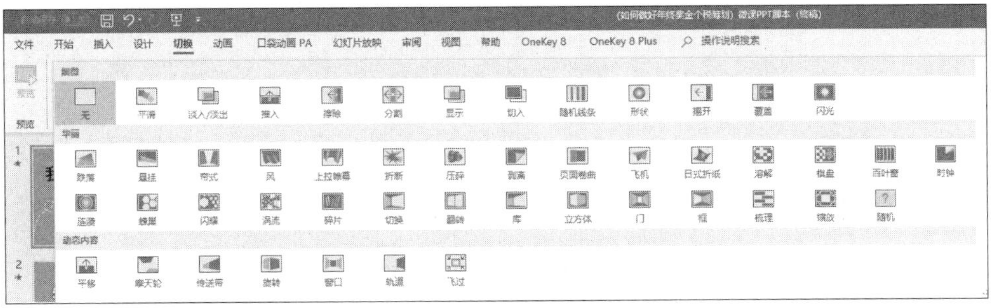

图5-4　幻灯片转场效果

录声音，讲解清晰

接下来，我们结合PPT页面的内容，为视频微课录制讲解背景音，以达到音画同步的效果。其制作步骤如下。

（1）打开已经设计和制作好的PPT视频微课脚本。

（2）通过"幻灯片放映"中的"录制幻灯片演示"逐页录制讲解背景音。具体操作是将上方功能区的选项卡切换至"幻灯片放映"选项卡，然后选中"录制幻灯片演示"，单击"从头开始录制"，如图5-5所示。

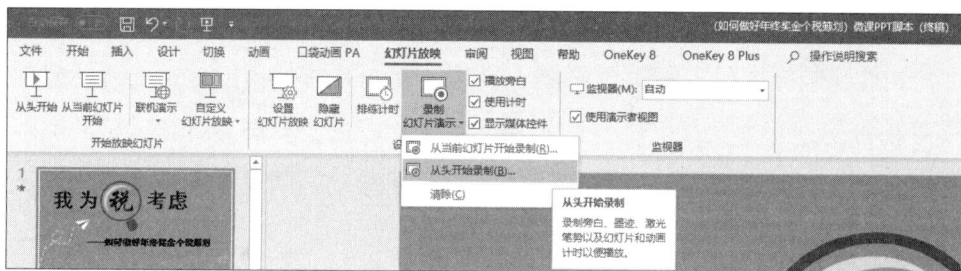

图5-5　录制幻灯片演示

（3）开始录制讲解背景音。进入幻灯片播放界面，单击左上角的"录制"按钮，使用麦克风录制讲解背景音，如图5-6所示。在录制过程中，可以通过单击屏幕左右两侧的"三角"按钮，切换幻灯片及幻灯片的动画效果，也可以单击鼠标左键或按空格键进行切换。

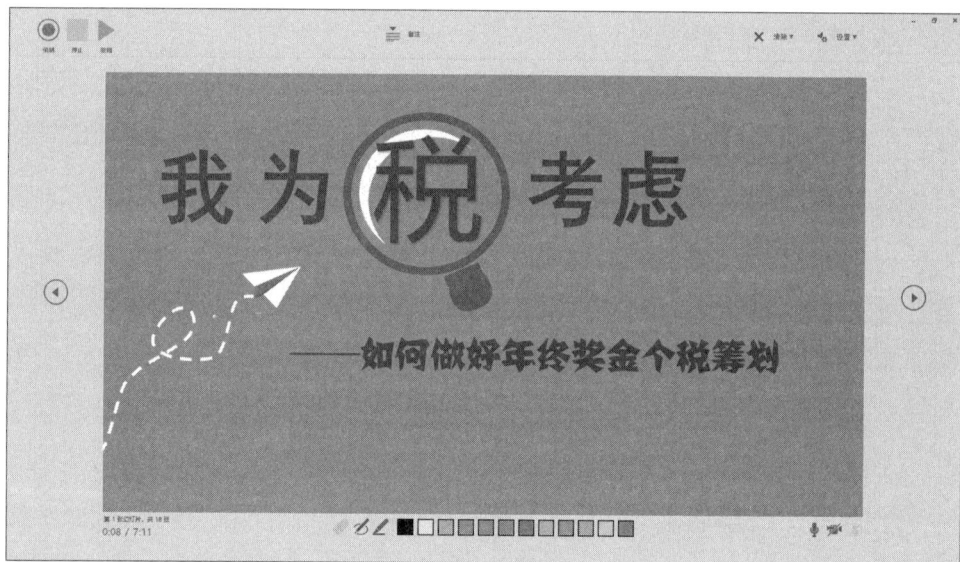

图5-6　录制幻灯片讲解背景音页面

（4）录制完成后，放映界面会自动退出，此时每张幻灯片的右下角会出现喇叭图标（可以单击试听），如图5-7所示。

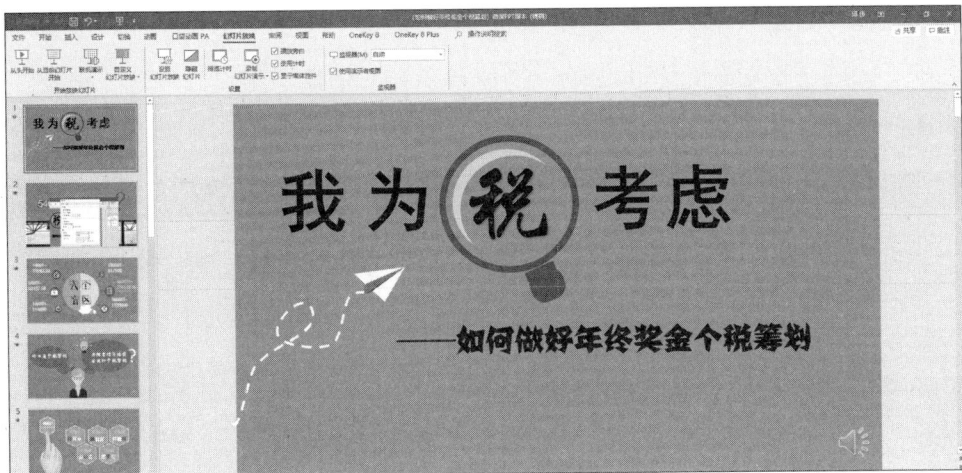

图5-7 录制完成的幻灯片

在演示幻灯片的过程中，可使用标注笔为重点内容加标注。鼠标与标注笔切换的快捷键为"Ctrl+P"，如果需要擦除标记，可以按键盘中的字母"E"键。

配音乐，保持连贯

在PPT视频微课中添加背景音乐，能够减少学员在观看视频的过程中，由于语音和画面的停顿或留白而造成的注意力分散和兴趣度降低的问题。同时，连贯的音乐节奏也有利于学员全身心投入视频微课中。

为PPT视频微课添加背景音乐的步骤如下：

（1）打开"插入"选项卡，选择"音频"，在下拉列表中选择"PC上的音频"，如图5-8所示，在出现的"插入音频"对话框中选中要作为背景音乐的文件，然后单击"确定"即可。

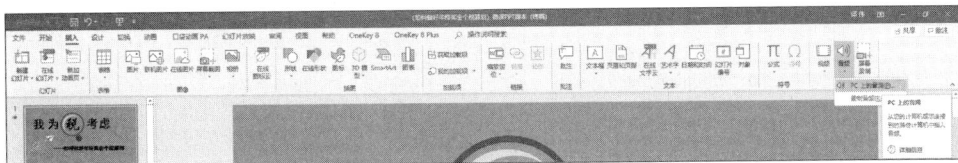

图5-8 插入"PC上的音频"

（2）用鼠标右键单击插入的声音对象（喇叭图标），在弹出的快捷菜单中选择"自定义动画"，在出现的"动画窗格"中，单击刚刚插入的音乐选项右侧的下拉箭头，在出现的"播放音频"对话框中单击"效果"标签，如图5-9所示。

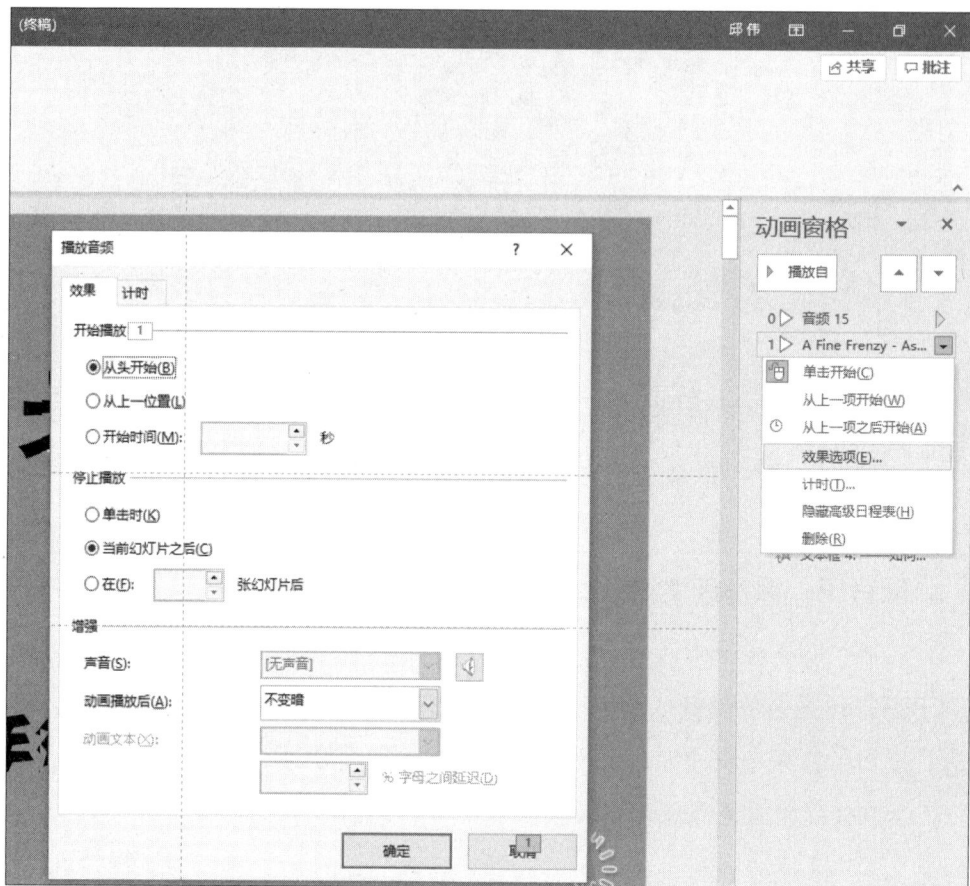

图5-9 "播放音频"对话框

（3）在弹出的对话框中，选中"停止播放"下面的"在××张幻灯片之后"（中间××为数字），在中间的数字增减框中输入适当的数字，数字可以根据幻灯片的总张数来设定。例如，幻灯片一共有49张，那么我们可以输入"50"，单击"确定"按钮，这样就可以实现直到幻灯片结束，背景音乐都不会停止的效果，如图5-10所示。

图5-10　设置"停止播放"

（4）如果插入的声音文件比较短，那么可以切换到"计时"标签，在"重复"右侧的下拉列表框里选中"直到幻灯片末尾"，单击"确定"按钮，这样就可以避免由于声音文件太短而导致的演示到后面没有背景音乐的情况，如图5-11所示。

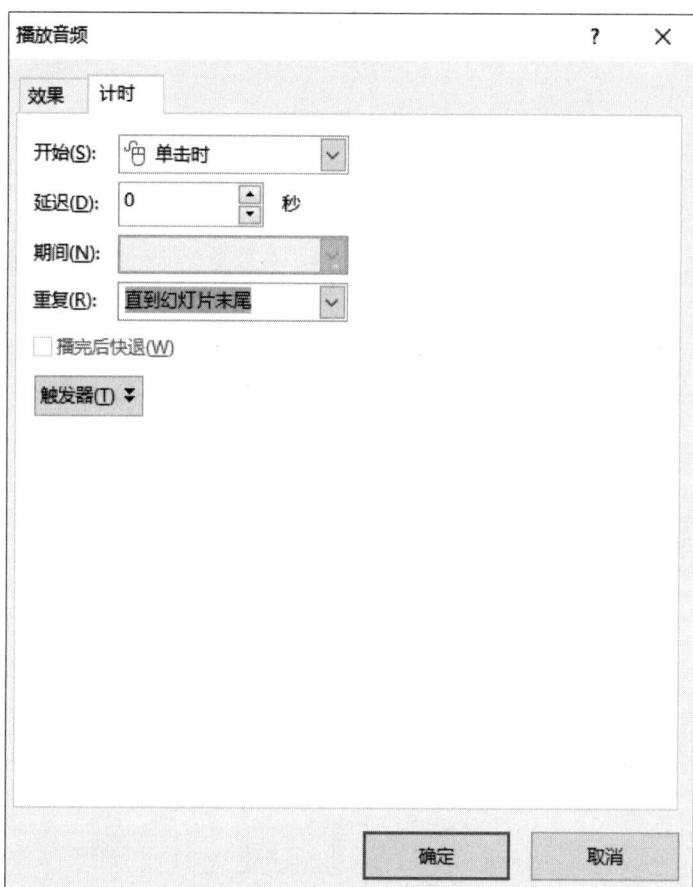

图5-11　设置重复播放

做输出，生成视频

制作好PPT视频微课后，打开"幻灯片放映"选项卡，选择"从头开始"，检查视频录制效果，如图5-12所示。有问题的页面可以重新录制，修改后再次检查视频录制效果，直到满意为止。

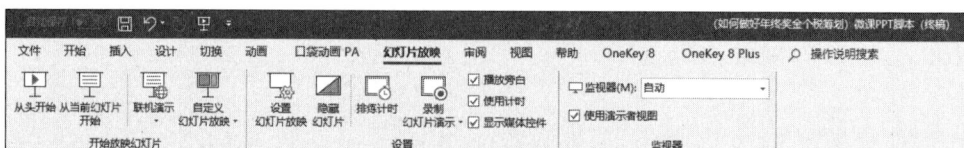

图5-12　幻灯片放映

　　输出视频时，打开"文件"选项卡，选中左侧的"另存为"，再选择"保存位置"与"保存类型"，保存格式选择"MPEG-4视频"，单击"保存"按钮即可，如图5-13所示。

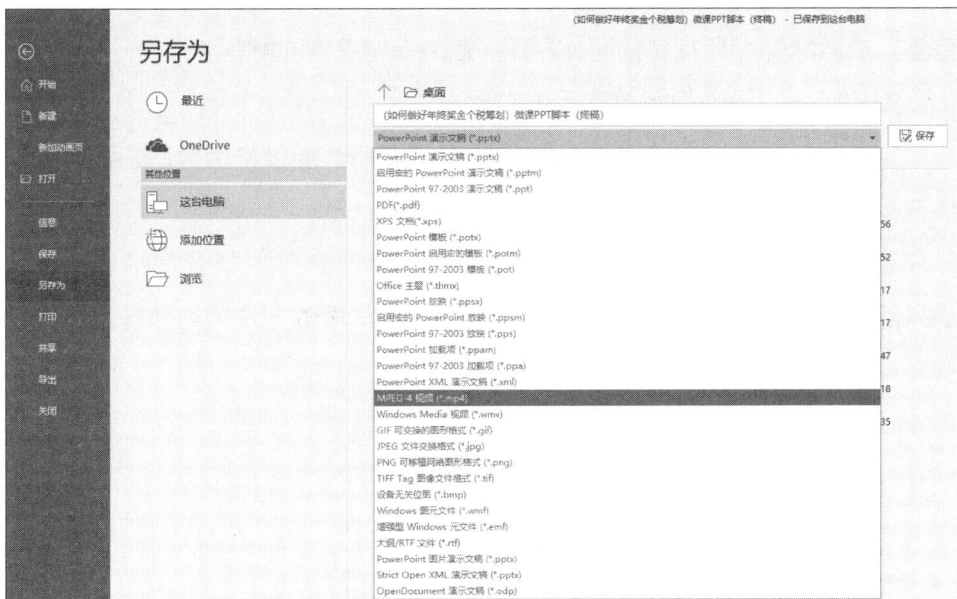

图5-13　另存为"MPEG-4"格式

　　完成上述操作后，在页面下方有一行"正在制作视频"的字样，后面还有一个进度条，如图5-14所示，待进度条显示100%完成时，PPT视频微课也就制作完成了。

图5-14　正在制作视频

➡ AI+ 经验型案例撰写

针对前面萃取的成果，我们可以借助AI提示词，生成一份经验型案例，供萃取者作为参考。萃取者可以在此案例成果的基础上，进行优化、改进和完善，或者借鉴AI所提供的写作思路，独立完成案例的撰写。

AI提示词：经验型案例撰写

定身份：你是一位企业案例的撰写专家，擅长通过案例帮助企业员工快速成长。

定任务：我需要通过案例的形式，将"如何通过财报异常指标识别贷后风险信号"的经验赋能给员工。请根据前面萃取的方法层面和行为层面经验，撰写完成一篇3000~4000字案例。

定要求：

1.案例主题与经验萃取结果一致，要求案例符合行业特点，多用行业内专业语言。

2.案例内容要求客观真实，与工作实际相符。

3.案例数据翔实，具有启发性。

4.案例具有故事性，以人物推动案例的进展，要符合故事的描写思路。

5.案例的每一段落都要有详细的细节描述和人物心理特征描述等。

6.案例的每一段都要有一个小标题。

7.案例结构：案例标题、案例摘要、关键词、案例背景、案例过程、案例结果、案例启发。

限制条件：案例中的数据和情节必须源自实际发生的事件，以保证案例的真实性和可信度。同时，务必保护公司及个人隐私，防止敏感信息的泄露。在必要情况下，应对案例中的具体数据和人物进行适度的模糊处理，以确保案例的合规性和安全性。

DeepSeek输出结果实录如图5-15所示。

财报迷局：一位银行客户经理的5.2亿元风险阻击战

案例摘要

本案例完整记录了某股份制银行客户经理李薇，如何通过系统性财报分析，在30天内成功识别并化解光伏企业瑞光新能源5.2亿元贷后风险的全过程。案例详细展示了"四阶递进法"的实际应用，包括异常指标筛查、勾稽关系验证、多维数据穿透和分级处置等关键环节，特别突出了行业技术迭代背景下的风险识别要点。通过真实场景还原和人物成长刻画，为银行从业人员提供了一套可复用的风险识别方法论和行为指南。

关键词

财报异常指标、存货周转天数、工商数据穿透、关联交易识别、动态阈值管理、技术迭代风险、现金流分析、贷后风险管理

案例背景

行业变革暗流涌动

2023年初，光伏行业正处于技术迭代的关键转折点。李薇清楚地记得参加行业研讨会时，专家展示的那张对比图：TOPCon技术的量产效率已达24.5%，较传统PERC技术高出整整1.5个百分点。更让她印象深刻的是那张设备残值预测曲线——PERC产线在未来18个月内将贬值40%以上。她下意识地摸了摸桌上那份瑞光新能源的授信材料，抵押物正是8条PERC生产线。

银行风控新挑战

XX分行会议室里，风控总监张明正在通报最新数据："2022年我们分行新能源领域不良率上升0.8个百分点，主要集中光伏设备抵押贷款。"他敲了敲投影屏幕，银保监会新规要求对技术敏感行业贷后检查频率提升至月度。李薇低头看了看自己负责的5家企业名单，瑞光新能源那栏被她用黄色荧光笔做了标记——5.2亿元授信，抵押率65%。

人物登场

28岁的李薇半年前刚从柜员岗转对公客户经理，办公桌上还摆着"企业财务报表分析"的笔记。她负责的瑞光新能源是省级"专精特新"企业，实控人王建军是市政协常委。每次去企业走访，赵财务总监总是热情地呼唤她"李经理"，但眼神里总带着几分审视。

案例过程

1. **红色警报：异常指标的首次预警**

   4月3日早上9点15分，李薇的电脑突然响起刺耳的警报声。系统弹窗剧烈闪烁着红色，瑞光新能源Q1财报三项指标异常：

   - 存货周转天数142天（行业均值90天）
   - 净现比0.6（警戒值0.8）
   - 固定资产新增2.1亿元，购建支出仅0.3亿元

   李薇的手指悬在键盘上微微发抖。她点击系统自动生成的《财务异常组合报告》，"存货异常+现金流恶化"的风险概率高达78%。窗外阳光正好，她却感到一阵寒意——上周行业会议才警告过PERC设备淘汰风险。

图5-15 经验型案例输出结果

2. 迷雾重重：新人的困惑与挣扎

"赵总，咱们Q1的存货周转天数有点异常啊？"4月4日下午，李薇的电话那头传来爽朗笑声："李经理，这是为欧洲市场备的战略库存，董事会都备案的。"

挂掉电话，李薇盯着企业提供的说明文件，总觉得哪里不对。她翻开最新《光伏行业报告》，欧洲市场主流明明是210mm组件，而瑞光财报显示1.3亿元182mm库存。手指无意识地转动着钢笔，她在犹豫要不要上报——毕竟对方是重点客户，万一自己判断错了……

3. 拨云见日：资深风控的精准点拨

"三个致命疑点。"4月5日晨会，张明用红笔在财报上画着圈。李薇注意到他手腕上那道疤痕——据说是在某次贷后检查中留下的。"第一，固定资产暴增但现金流不匹配；第二……"他突然停顿，"查下那三家供应商的工商登记。"

当天下午，企查查系统显示：注册在创业大厦B座10层的三家"供应商"，法人代表都是赵总监的表亲。李薇的脊背窜上一股凉意。

4. 现场求证：工厂走访的震撼发现

4月10日的工厂走访让李薇终身难忘。在号称"价值2亿元的新产线"前，她假装系鞋带，看清了设备铭牌上的生产日期：2021年。财务总监的额头渗出细密汗珠："这个……新设备还在调试……"仓库里，积压的182mm硅片落满灰尘，角落里结着蜘蛛网。

5. 数据围猎：多维验证锁定证据

4月12－15日，团队展开全方位调查：

1. 工商数据：实控人股权质押率三个月内从30%飙升至85%
2. 海关数据：企业92%出口产品为210尺寸组件
3. 专利检索：核心专利6个月后期满
4. 行业调研：PERC设备将贬值40%以上

6. 雷霆行动：48小时风险化解

4月25日7:30，李薇早早来到办公室，桌上摆着连夜准备的处置方案。8:00的紧急会议上，张明拍板："立即启动'红色'预案。"14:00，盘点组传来消息：存货实际价值较账面减值46%。17:30，法务部完成担保手续。当最后一份文件签署完毕，李薇才发现自己已经12小时没喝水了。

案例结果

风险化解成效

1. 成功保全信贷资产：提前收回1.8亿元贷款，剩余贷款追加评估值3.2亿元的土地抵押
2. 系统升级：开发"光伏行业风险特征库"，新增技术迭代预警等12项指标
3. 模型优化：AI风控模型识别准确率提升至93%

图5-15　经验型案例输出结果（续）

个人成长轨迹

季度颁奖礼上，李薇捧着"年度风控标兵"奖杯，想起这半年的蜕变：

- 从机械执行检查清单到建立系统思维
- 从依赖系统警报到主动交叉验证
- 从畏惧客户质疑到坚守风控底线

案例启发

方法论沉淀

1. 动态行业阈值体系：
   - 技术迭代敏感行业建立专属指标库
   - 设置动态预警阈值（如PERC设备抵押率需下调）
2. 五维验证法：

维度	验证要点	工具
财务	三表勾稽	现金流测算表
工商	关联交易	企查查系统
行业	技术路线	行业协会数据
现场	资产状况	盘点清单
供应链	交易真实性	物流单据

行为指南

1. 现场检查"三必查"：
   - 查设备：铭牌、发票、验收单三对照
   - 查存货：型号、数量、状态全记录
   - 查生产：开工率、能耗、产出匹配度
2. 新手进阶路径：
   - 阶段一：掌握基础指标分析（1~3个月）
   - 阶段二：学习行业知识（3~6个月）
   - 阶段三：培养商业直觉（6~12个月）

图5-15　经验型案例输出结果（续）

工具传承

1. 技术迭代行业贷后检查清单

2. 关联方识别"七步法"流程图

3. 财务异常组合风险矩阵表

（案例全文3820字，包含15个实操工具模板和21个风险识别场景）

图5-15　经验型案例输出结果（续）

➥ AI+ 微课大纲设计

针对前面萃取的成果，我们还可以借助AI提示词，生成一份经验型微课大纲，供萃取者作为参考。萃取者可以在此微课大纲的基础上，进行优化、改进和完善，或者借鉴AI所提供的写作思路，独立完成微课大纲的撰写。

AI提示词：微课大纲设计

定身份：你是一位拥有10年经验的课程设计专家，擅长通过课程帮助企业员工快速成长。

定任务：现在需要通过微课的形式，将"如何通过财报异常指标识别贷后风险信号"的经验赋能给员工。请根据前面萃取的方法层面、行为层面、应用层面和思维层面经验，输出一个30分钟微课的三级课程大纲，包含经验中的具体知识点。

定要求：

1. 开场用案例激发学习兴趣。

2. 课程目录以Why—What—How结构梳理。

3. 每个经验的内容要求有具体案例讲解。

4. 每级目录下要求设计一个在线练习，检验学习效果。

5. 课程结尾要总结课程中的核心要点。

6. 课程需要设计课后练习环节。

限制条件：课程中的教学设计环节要能够激活学员已知，还要能够激发学习兴趣。课程中的案例要符合实际经验，而且学员容易理解和吸收。

DeepSeek输出结果实录如图5-16所示。

已深度思考（用时22秒） ∨

《财报风险信号识别30分钟微课》大纲

一、课程开场：案例导入（3分钟）

案例名称：《光伏企业5.2亿元风险48小时化解战》

- **案例亮点**：
  1. 存货周转天数142天（行业均值90天）触发预警
  2. 工商数据穿透发现实控人股权质押率85%
  3. 48小时内冻结授信，避免抵押物贬值46%

- **互动设计**：
  ▶ 弹幕投票：你认为最先应关注哪个信号？
  （选项：存货周转/净现比/股权质押）

二、Why：为什么必须掌握这项技能？（5分钟）

知识点：

- **行业现状**：62%贷后风险可通过财报异常提前预警
- **风险代价**：技术迭代行业（如光伏）3~6个月即可能爆发风险

案例讲解：

- **某城商行教训**：忽视"存货周转天数+技术落后"组合，3.8亿元贷款形成不良

练习：
▶ 选择题：以下哪种组合最危险？
A. 流动比率1.2 B. 存货周转天数超行业1.5倍+净现比0.6
（答案：B，触发弹窗解析）

三、What：核心风险信号图谱（8分钟）

知识点：

1. **致命指标**：
   ○ 存货周转天数>行业均值1.5倍
   ○ 净现比<0.8持续两期
   ○ 固定资产增速/现金流缺口>3倍

图5-16 微课大纲输出结果

2. **高危组合**：

 ○ 组合1：存货激增+现金流恶化

 ○ 组合2：高货币资金+低利息收入

案例讲解：

- **贸易公司造假案**：营收增长50%，增值税仅增5%，应收账款激增120%

在线练习：

▶ 填空题：某企业毛利率25%（行业12%），应重点检查＿＿交易

（答案：关联，输入后显示答案解析）

四、How：四步速查法（10分钟）

步骤1：系统筛查（2分钟）

- **工具**：微信小程序"财报扫描仪"（预设光伏行业阈值）
- **案例**：某企业固定资产暴增2亿元，系统自动标红预警

步骤2：勾稽验证（3分钟）

- **公式**：净利润+折旧≈经营现金流（误差＞20%即异常）
- **案例**：发现某企业2.3亿元现金流缺口

步骤3：工商穿透（3分钟）

- **必查项**：

 ○ 股权质押率变化曲线

 ○ 供应商注册地集中度

- **案例**：3家供应商注册在同一写字楼10层

步骤4：分级处置（2分钟）

- **响应标准**：

 ○ 红色：存货异常+技术落后 → 48小时冻结

 ○ 黄色：单一指标异常 → 7日整改

在线练习：

- 拖拽题：将"存货周转142天+TOPCon技术量产"拖入对应处置框（正确答案触发爆炸动画提示风险等级）

图5-16 微课大纲输出结果（续）

五、核心要点总结（2分钟）

知识卡片：

1. 紧盯存货周转与技术迭代的"死亡交叉"

2. 工商数据验证是破局关键

3. 48小时黄金处置期必须严守

六、课后实战任务（1周）

任务示例：

1. **基础任务**：
   - 使用"财报扫描仪"分析指定企业（附虚拟财报）
   - 输出1页"风险速评报告"（模板提供）

2. **进阶挑战**：
   - 在课程社区解密"某企业固定资产异常"线索（前3名获查企业VIP卡）

3. **直播加餐**：
   - 周四20:00直播解析学员提交的典型报告（随机抽选3份深度点评）

激励规则：

- 完成基础任务解锁电子徽章
- 发现隐藏风险点额外奖励《行业阈值数据库》权限

课程资源包：

- 工具：微信小程序"财报扫描仪"
- 案例：5家典型企业异常财报模板
- 社群：每日推送"风险信号晨报"

图5-16　微课大纲输出结果（续）

本章回顾

下面是针对本章内容的要点回顾，请选出正确的答案。

1. 技能习得包括三个典型阶段，它们分别是认知阶段、_____、自主阶段。（转化阶段/关联阶段）

2. 从内容上来说，案例的标题一般分为三类：_____、观点评价类标题和比喻修辞类标题。（任务名称类标题/课程名称类标题）

3. 一般情况下，只有复杂案例才需要撰写案例摘要，案例是否复杂主要看案例的冲突数量。（正确/错误）

4. 首先通过案例背景的介绍，展现案例的核心冲突，然后针对核心冲突展开描述处理细节，最后对案例给出的经验进行总结。这类案例主要突出的是冲突处理的过程细节，并未在案例中对解决方法进行深入剖析。这是什么类型的案例？（剧情引导式案例/方法嵌入式案例）

5. 在叙述某一件事的同时，对这件事进行解决分析。这种方法既能具体地叙述人物和事件，同时又能揭示所写对象处理冲突和问题的过程。在案例中，冲突和细节的关系是：冲突问题是铺陈，过程细节是延展。这是什么类型的案例？（剧情引导式案例/方法嵌入式案例）

6. 人物对话式案例是以人物之间的对话为主线来推进案例中的冲突展开和过程发展的。此类案例适用于销售、服务、管理、辅导等以人际交往为主要工作情景的任务。（正确/错误）

7. PPT视频微课的制作步骤包括定模板、选图例、镶动画、_____、录声音、配音乐、做输出。（炫转场/选内容）

Q&A参考答案

1. 关联阶段

2. 任务名称类标题

3. 正确

4. 剧情引导式案例

5. 方法嵌入式案例

6. 正确

7. 炫转场

参考文献

［1］詹姆斯·马奇.经验的疆界［M］.丁丹，译.北京：东方出版社，2017.

［2］达琳·M. 范·提姆，詹姆斯·L. 莫斯利，琼·C. 迪辛格. 绩效改进基础：人员、流程和组织的优化［M］.易虹，姚苏阳，译. 第3版.北京：中信出版社，2013.

［3］哈罗德· 斯托洛维奇，艾丽卡·吉普斯. 从培训业务专家到绩效顾问［M］.杨震，颜磊，古明槵，译. 南京：江苏人民出版社，2014.

［4］斯特兰·奥尔松. 深层学习：心智如何超越经验［M］.赵庆柏，唐云，陈石，译.北京：机械工业出版社，2017.

［5］大前研一. 思考的技术：思考力决定竞争力［M］.刘锦绣，谢育容，译. 第2版.北京：中信出版社，2010.

［6］斯滕伯格. 认知心理学［M］.杨炳军，陈燕，邹枝玲，译.北京：中国轻工业出版社，2006.

［7］约翰·安德森. 认知心理学及其启示［M］.秦裕林，程瑶，周海燕，等译.北京：人民邮电出版社，2015.

［8］芭芭拉·明托. 金字塔原理［M］.汪洱，高愉，译.海口：南海出版公司，2010.

［9］本尼迪克特·凯里. 如何学习［M］.玉冰，译.杭州：浙江人民出版社，2017.

［10］安德鲁·索贝尔，杰罗德·帕纳斯. 提问的艺术：为什么你该这样问［M］. 陈艳，译. 北京：中国人民大学出版社，2014.

［11］高杉尚孝. 麦肯锡问题分析与解决技巧［M］. 郑舜珑，译. 北京：北京时代华文书局，2014.

［12］易虹，朱文浩. "技控"革命：从培训管理到绩效改进［M］. 南京：江苏人民出版社，2017.

［13］邱昭良. 复盘+把经验转化为能力［M］. 第2版. 北京：机械工业出版社，2018.

［14］安德斯·艾利克森，罗伯特·普尔. 刻意练习［M］. 王正林，译. 北京：机械工业出版社，2016.

［15］安宅和人. 麦肯锡教我的思考武器［M］. 郭菀琪，译. 北京：北京联合出版公司，2013.

［16］罗伯特·K. 殷. 案例研究：设计与方法［M］. 周海涛，李永贤，李虔，译. 中文第2版. 重庆：重庆大学出版社，2012.

［17］戴维·艾伦. 搞定 I：无压工作的艺术［M］. 张静，译. 北京：中信出版社，2016.

［18］史蒂夫·诺特伯格. 番茄工作法图解：简单易行的时间管理方法［M］. 大胖，译. 北京：人民邮电出版社，2011.

反侵权盗版声明

电子工业出版社依法对本作品享有专有出版权。任何未经权利人书面许可，复制、销售或通过信息网络传播本作品的行为；歪曲、篡改、剽窃本作品的行为，均违反《中华人民共和国著作权法》，其行为人应承担相应的民事责任和行政责任，构成犯罪的，将被依法追究刑事责任。

为了维护市场秩序，保护权利人的合法权益，我社将依法查处和打击侵权盗版的单位和个人。欢迎社会各界人士积极举报侵权盗版行为，本社将奖励举报有功人员，并保证举报人的信息不被泄露。

举报电话：（010）88254396；（010）88258888

传　　真：（010）88254397

E-mail：　dbqq@phei.com.cn

通信地址：北京市万寿路 173 信箱

　　　　　电子工业出版社总编办公室

邮　　编：100036